100 Jahre EDEKA.
Gemeinsam gewachsen.

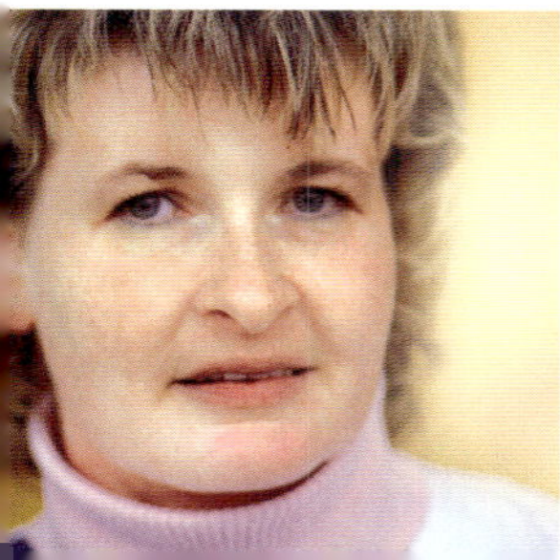

EDEKA-Visionäre: Vorstandsvorsitzender Alfons Frenk ...

... und Aufsichtsratsvorsitzender Peter Simmel

EDEKA – eine unternehmerische Idee setzt sich durch

Mit unternehmerischem Mut, Kompetenz und unvergleichbarer Kundennähe hat die EDEKA-Gruppe über 100 Jahre hinweg eine beispiellose Erfolgsgeschichte geschrieben. Bescheidenen Anfängen schnell entwachsen agiert die Unternehmensgruppe im Jubiläumsjahr 2007 als größter Lebensmittelhändler im schwierigsten Markt der Welt: in Deutschland.

Selbst klippenreiche politische wie wirtschaftliche Phasen hat die im Genossenschaftswesen fußende Gruppe erfolgreich durchschifft.

Diese Dynamik ist dem begeisterten Engagement von heute 4.800 EDEKA-Unternehmern, einem expansiven Discount-Geschäft und zukunftsfähigen Vertriebskonzepten für die Märkte von morgen zu verdanken. Nie zuvor war die Ertragskraft so stark wie im Jubiläumsjahr. Dies eröffnet uns ungeahnte Perspektiven für das weitere Wachstum. In Deutschland besitzen wir eine exzellente Basis, um in hohem Tempo neue Märkte eröffnen zu können. Auf der europäischen Ebene bündeln wir unsere Kompetenz durch eine internationale Vermarktungsallianz.

Wir investieren in Deutschland, sind ein sicherer Arbeitgeber für mehr als 253.000 Mitarbeiter und ein kompetenter Ausbilder für 12.500 junge Menschen. Jahr für Jahr haben wir zuletzt über 100 Existenzgründer an den Start geschickt und zum Erfolg geführt.

Zum 100sten Geburtstag präsentiert sich die Gruppe deshalb so jung wie nie.

Die Gründerväter: Macher der ersten Stunde

Das Jubiläum erlaubt den Blick zurück, schärft aber die Sicht auf die Zukunft. Auf einen Markt, in dem unsere Kunden stärker denn je zuvor Lebensmittel als Garant für Lebensqualität, für Genuss und Gesundheit begreifen werden. Auf einen Markt, in dem die Verbraucher die Glaubwürdigkeit unserer Unternehmensphilosophie täglich vehement einfordern. Dies bestärkt uns in unserer Verantwortung, die Qualitätssicherungskonzepte weiter zu verfeinern.

Mut, Kompetenz und unvergleichbare Kundennähe. Die Erfolgsfaktoren der Vergangenheit bleiben die Garanten für die Zukunft. Und deshalb freuen wir uns auf eine spannende Zukunft und wünschen Ihnen eine interessante Zeitreise durch 100 Jahre EDEKA – ein Kaleidoskop der Geschichte.

Herzlichst

Alfons Frenk
Vorstandsvorsitzender
EDEKA ZENTRALE AG & Co. KG

Peter Simmel
Aufsichtsratsvorsitzender
EDEKA ZENTRALE AG & Co. KG

Ferdinand Hinke
Geboren am 15.04.1915

Von 1964-80 Aufsichtsratsmitglied, zum Teil Vorsitzender, der EDEKA ZENTRALE, der EDEKABANK und des EDEKA Verbandes

Elise Schöler
Geboren am 16.01.1921

Geschäftsführerin eines 1960 eröffneten 75 qm EDEKA-Marktes in Haiger-Langenaubach in der Region Hessenring

Winfried Maul
Geboren am 28.03.1936

Geschäftsführer des 1963 eröffneten 750 qm großen EDEKA-Marktes Maul in Niederwerrn in der Region Nordbayern

Luise Kaltschmid
Geboren am 15.09.1953

Geschäftsführerin von fünf zwischen 500 und 1.000 qm großen EDEKA-Märkten Kaltschmid in der Region Südbayern

Oliver Czaikowski
Geboren am 30.05.1967

Geschäftsführer von sechs zwischen 750 und 4.600 qm großen EDEKA-Märkten in der Region Rhein-Ruhr

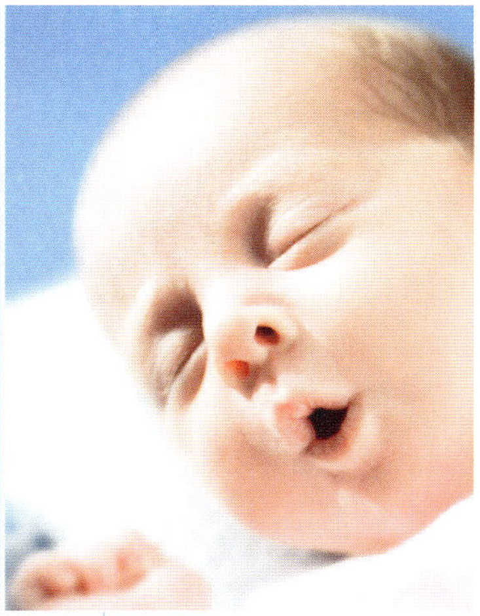

Diana Kramp
Geboren am 08.07.1972

Außendienstmitarbeiterin für die Fachberatung Süßwaren in der Region Nord. 1994-96 Mitglied im Arbeitsausschuss der EDEKA Juniorengruppe e.V.

Martin Schmidt
Geboren am 08.04.1985

Frische Bezirksleiter für zehn zwischen 500 und 2.600 qm große EDEKA-Märkte in der Region Südwest

Ines Kokemoor
Geboren am 15.11.1989

Auszubildende als Verkäuferin im 2.600 qm großen E center in Levern, Region Minden-Hannover

Jule Tidow
Geboren am 14.01.2007

Die EDEKA-Mitarbeiterin der Zukunft ...

1907 bis 1918

Es war für mich immer eine innere Verpflichtung, Erfahrung und Wissen an meine jüngeren Edeka-Kollegen weiterzugeben.

Ferdinand Hinke, geboren am 15.04.1915

1907 bis 1918

Es war für mich immer eine innere Verpflichtung, Erfahrung und Wissen an meine jüngeren [illegible]-Kollegen weiterzugeben.

Ferdinand Hinke, geboren am 15.04.1915

Der deutsche Übervater: Kaiser Wilhelm II.

Bittere Realität: Großfamilie in ärmlicher Wohnküche um 1907

Gruß aus Berlin: eine Ansichtskarte vom Alexanderplatz um 1910

Die Zukunft beginnt

Die Welt zu Beginn des 20. Jahrhunderts ist im Umbruch. Industrie und Handel werden immer wichtiger. Kaufleute verbünden sich und gründen EDEKA als genossenschaftliche Einkaufszentrale.

Es ist ein sonniger Montagmorgen, dieser 21. Oktober 1907, der Tag, an dem EDEKA geboren wird. Doch der Gang ins noble Leipziger »Hotel de Pologne« fällt den ehrbaren Kaufleuten nicht leicht. Denn nur Stunden, bevor die Gründerväter das führende Unternehmen im deutschen Lebensmitteleinzelhandel im »weißen Saal« aus der Taufe heben, erleben sie ihre heftigste Niederlage. Sie tragen den Vorläufer des heutigen Verbandes zu Grabe. Trotzdem gewähren sie ihren Kritikern keine Genugtuung.

Mut, ein starker Wille und ein klares Ziel vor Augen. Das sind die Zutaten der 100-jährigen Erfolgsgeschichte der EDEKA. Aufgebaut auf den genossenschaftlichen Prinzipien von Selbsthilfe, Selbstbestimmung und Selbstverantwortung. »An der Wiege des Verbandes stand Pate lediglich das Vertrauen einiger, daß der neu einzuschlagende Weg Erfolg haben müsse«, erinnert sich Gründervater Dr. Karl Biller. Mit diesem Vertrauen und einer großen Entschlossenheit meistert EDEKA seit hundert Jahren alle Herausforderungen.

Es ist ein Land im Umbruch, in das die blau-gelbe Gruppe hineingeboren wird. In Deutschland regiert Kaiser Wilhelm II. Der Mann mit dem streng hochgezwirbelten Bart gilt als Übervater, dem die meisten Untertanen absolute Treue geloben. Tugenden wie Ehre, Pflicht und Gottesfurcht werden propagiert. Auf den Gebieten der Forschung und Wissenschaft gehört Deutschland zu den weltweit führenden Nationen: die Elektrifizierung der Städte, die Entdeckung des Tuberkel- und des Cholera-Bakteriums, die Erfindung des Automobils sind nur eine kleine Auswahl der damaligen Pionierleistungen. Doch das deutsche Kaiserreich ist geprägt von Widersprüchen. Es herrscht ein Wirtschaftsboom, dessen Erlöse ungerecht verteilt werden. Eine neue Unterschicht, das Proletariat, wächst heran. Während erfolgreiche Unternehmer sich Prunkbauten und Paläste errichten lassen, drängelt sich die Arbeiterklasse in dunklen Mietskasernen.

Die Industrialisierung zieht immer mehr Menschen in die Städte. Von 1871 bis 1910 wächst die Bevölkerung in Deutschland von 41 auf 65 Millionen. Gibt es 1871 lediglich 8 Städte im Deutschen Reich mit mehr als 100.000 Einwohnern, sind es 1910 bereits 48. In den Metropolen fehlt es an Wohnungen und die Arbeiter teilen

EDEKA-Meilensteine

1907 Der EDEKA Verband und die EDEKA ZENTRALE werden gegründet

1908 Die Verbandszeitschrift der EDEKA erscheint erstmals unter dem Titel »Deutsche Handels-Rundschau«

1910 Eine Reklameabteilung entsteht und der Name EDEKA wird als Verbandszeichen festgesetzt

1912 EDEKA führt die ersten Eigenmarken in den Handel ein

1914 Die EDEKABANK öffnet in Berlin ihre Pforten

Mobile Konkurrenz: Fahrbare Milchläden wie diesen gibt es in Berlin an jeder Ecke

Ein begehrter Artikel: frisch geröstete Kaffeebohnen

Neu im Sortiment: das asiatische Gewürz Zimt

sich Schlafstellen auf Stundenbasis. Die ungleiche Verteilung des Einkommenszuwachses und der schwache Anstieg der Reallöhne zwingen immer mehr Frauen in die Berufswelt. Arbeitstage von zwölf Stunden bei vergleichsweise geringer Bezahlung sind die Norm. Hinzu kommt eine erhöhte Unfallgefahr durch Maschineneinsatz und Akkordarbeit. Eine mangelnde soziale Absicherung führt nicht selten zur Verelendung. Der Nationalökonom Werner Sombart spricht von »ökonomischer Sklaverei«. Der auf dem Land übliche Anbau von Obst und Gemüse oder Kartoffeln ist in der Stadt nicht mehr möglich. Darum decken sich immer mehr Menschen auf Wochenmärkten und bei zahlreichen Straßen- oder Kolonialwarenhändlern ein. Die Folge sind deutlich steigende Lebensmittelpreise: allein zwischen 1900 und 1913 um mehr als 30 Prozent. Eine weitere wichtige Ursache dafür sind erhöhte Schutzzölle für landwirtschaftliche Importe. Doch anders als in den Jahren vor der Industrialisierung gibt es nun wenigstens keine Ernährungs- und Hungerkrisen mehr. Per Eisenbahn werden große Mengen Fisch und Getreide in die Städte transportiert.

Auf wuchtigen Karren werden Frischwaren durch die Straßen geschoben und lauthals angepriesen. Erstmals erobern Konserven die Regale. Aus den deutschen Kolonien in Afrika werden immer mehr ausländische Erzeugnisse, wie Kaffee oder Kakao, importiert.

Gemeinsamkeit macht stark

Kolonialwaren – wie Kaffee, Tee, Kakao, Gewürze und Südfrüchte – prägen eine neue Geschäftsidee. Einzelhändler beginnen sich erstmals zu spezialisieren. Geführt werden die Läden meist in der Familie. Ein angelernter Gehilfe verdient rund 1200 Mark pro Jahr, eine Verkäuferin rund 600 Mark.

15-Stunden-Tage sind die Regel. Mahlzeiten werden während der Arbeit eingenommen. Da die meisten Kolonialwarenhändler ihren Kaffee selber rösten, fangen die Gehilfen mitunter bereits um vier Uhr morgens an zu arbeiten – sonntags wie werktags. Geregelte Öffnungszeiten gibt es ebenso wenig wie feste Preise. Die Kolonialwarenhändler, die ihre rund 100 verschiedenen Artikel von Produzenten oder Großwarenhändlern beziehen, bestimmen die Verkaufspreise nach eigenem Ermessen. Es ist üblich, dass die Kunden über Preise verhandeln und im Zweifelsfall auch anschreiben lassen.

Die Konkurrenz schläft nicht

Noch zu Beginn des 19. Jahrhunderts ist allein der Status eines ehrbaren Kaufmannes für den Geschäftserfolg wichtig. Grelle Werbeauftritte sind verpönt. Das ändert sich allerdings schlagartig mit

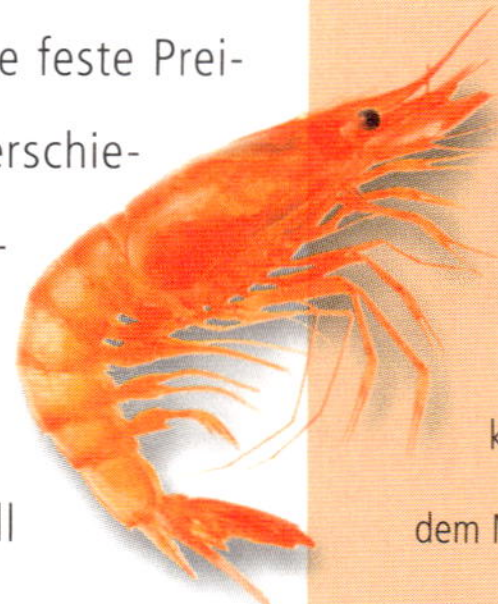

Kostbar

Im 19. Jahrhundert kennen nur wenige Deutsche die Krabbe. Wegen ihrer kurzen Haltbarkeit kann die kostbare Delikatesse aus dem Meer nicht weit verschickt werden. Erst mit dem breiten Einsatz der Konservendose erobert das Krustentier ab etwa 1908 das deutsche Binnenland. Die Bürger reißen sich um die Leckerei und lösen so einen Wirtschaftsboom in den Fischerdörfern aus.

Frauenpower

Um ihre Familien zu ernähren, müssen immer mehr Frauen Anfang des 20. Jahrhunderts arbeiten gehen. Statt die neuesten Hüte anzuprobieren, schuften sie in Fabriken. Viele Frauen führen auch Kolonialwarenläden. Selbstbewusst setzen sich besonders junge Frauen immer mehr für ihre eigenen Belange ein. Sie fordern das Recht zu wählen und zu studieren.

Oben links: Berliner Fabrikarbeiterinnen um 1910
Oben rechts: Karikatur auf emanzipierte Studentinnen
Unten links: Zeichnung aus einem Modemagazin
Unten rechts: Lebensmittelhändlerin vor ihrem Laden

der Einführung der Gewerbefreiheit in Preußen 1810. Von da an glauben viele, im Handel »das schnelle Geld« verdienen zu können. Die Begeisterung zieht eine Lawine neuer Geschäfte nach sich. Allein zwischen 1882 und 1895 wächst die Zahl der Kolonialwarengeschäfte um 55 Prozent, die Bevölkerung hingegen nur um 14,5 Prozent. Unter den Existenzgründern tummeln sich allerdings viele »schwarze Krämer-Schafe«, die dem ehrbaren Kaufmann das Leben schwer machen. Mehl wird mit Gips oder Kreide gestreckt, Butter werden Fasern aus Baumwolle untergemischt und Spinat wird mit Kupfer gefärbt. Der Phantasie der Produktmanipulationen scheinen keine Grenzen gesetzt.

Um die Versorgung der Arbeiterklasse sicherzustellen, führen die Fabrikanten erstmals »offene Verkaufsstellen« für ihre Arbeiter ein. Mit dem »Spar- und Konsumverein Ermunterung« in Chemnitz entsteht 1845 der erste Konsumverein, dem viele weitere folgen – von Arbeitern getragene Zusammenschlüsse für den Großeinkauf und die Verteilung von Gütern des täglichen Bedarfs. 1908 gibt es im Deutschen Reich bereits 2.000 Konsumvereine.

Die Fassade des Warenhauses Tietz in der Leipziger Straße in Berlin um 1905

Das ausgehende 19. Jahrhundert ist zugleich die Geburtsstunde der Handelspioniere. Mit Hermann Tietz und Rudolph Karstadt in Wismar kommen moderne Warenhaus-Konzepte auf den Markt. Josef Kaiser begründet vom elterlichen Laden in Viersen aus die Kette der Kaiser's Kaffee-Geschäfte. Von da an expandieren Filialgeschäfte im ganzen Reich. Die prachtvollen Warenhäuser bieten ein neues Kauferlebnis: Günstige Preise, mehr Kulanz, Umtausch- oder Rückgaberecht und neue Formen der Werbung wie Lichtreklame, Sommer- und Winterverkauf locken die Kunden und machen den Einzelunternehmern im Wettbewerb das Leben schwer.

Alle für einen

Vor allem die stetig wachsende Anzahl der Konsumvereine ist eine große Bedrohung für die Einzelhändler, da sie nahezu die gesamte Arbeiterklasse als Kunden an sich binden. Besonders aggressiv expandiert der Görlitzer Wareneinkaufsverein. Binnen kürzester Zeit vernichtet er mehr als ein Dutzend selbstständiger Existenzen. Als sich der Verein über Görlitz hinaus ausbreitet, reagieren 36 Kolonialwarenhändler und Drogisten in Frankfurt/Oder 1888 mit der Gründung des »Frankfurter Waren-Einkaufsverein«. Ein Meilenstein, der Bewegung in den gesamten Berufsstand bringt. Denn von da an folgen Genossenschaften in Guben, Brandenburg und Cottbus. Bereits damals hoffen die meisten Händler im Konkurrenzkampf auf den Staat und fordern von der Politik gesetzliche Einschränkungen. »Gehen Sie nach Hause, machen Sie sich stark, und dann kommen Sie wieder!« wettert der damalige preußische Finanzminister Johannes von Miquel gegen jegliche Begehrlichkeiten der Händler. Bis 1893 sind bereits 30 Einkaufsvereine entstanden, die den Ruf nach einer Koordinierung des Einkaufs immer lauter werden lassen. Daraufhin wird eine Kommission in Leipzig beauftragt, Statuten zu erarbeiten, Preise der Einkaufsvereine zu vergleichen, Märkte zu sondieren und Möglichkeiten eines Zusammenschlusses zu prüfen.

Der erste Versuch

Die Ergebnisse der Zentralkommission liefern entscheidende Anregungen für die »Zentraleinkaufsgesellschaft deutscher Kolonialwarenhändler mbH«, die 1904 in Leipzig gegründet wird. Sie ist der Vorreiter des EDEKA Verbandes. Als Geschäftsführer tritt der Hamburger Kaufmann Hugo Pabst an, ein Mann mit großen Visionen. Doch die junge Gesellschaft kränkelt von Geburt an, weil als Gesellschafter auch Einzelhändler zugelassen

Leckerbissen

Sie ist von der Speisekarte der Deutschen nicht mehr wegzudenken: die Bratkartoffel. Doch woher hat das Gericht seinen Namen? Von der Art der Zubereitung – sprich dem Anbraten? Möglich. Doch vielleicht war es ja auch eine gewisse Henriette Josefa Braths, die im Jahr 1907 ein Rezept ans Wiener »Journal der gebildeten Stände« geschickt haben soll. Ein Redakteur, so munkelt man, habe dem Rezept über die Zubereitung von Röstkartoffeln dann später den Namen »Brathskartoffeln« gegeben. Zumindest eine hübsche Geschichte ...

Stammen die leckeren Bratkartoffeln von Frau Braths?

Stolze Genossen: EDEKAner bei der Arbeit in Kiel

Unten: Darstellung der drei EDEKA-Gesellschaften um 1932

sind, die nur bescheidene Warenaufträge erteilen und kaum Gewinne erzielen. Der durchschnittliche Rechnungsbetrag liegt im Juli 1904 bei lediglich 82,50 Mark. Von rund 3.000 Rechnungen, die bis Ende 1904 eingehen, weisen die meisten eine Summe zwischen einer und 30 Mark aus. Viele Gesellschafter nutzen die Zentrale nicht als Bezugsquelle für ihr Sortiment, sondern lediglich, um sich über den Markt zu informieren. Das mangelnde Interesse und fehlendes Kapital führen schließlich dazu, dass sich die Gesellschafter drei Jahre nach der Gründung schweren Herzens entschließen, die Zentraleinkaufsgesellschaft zu liquidieren.

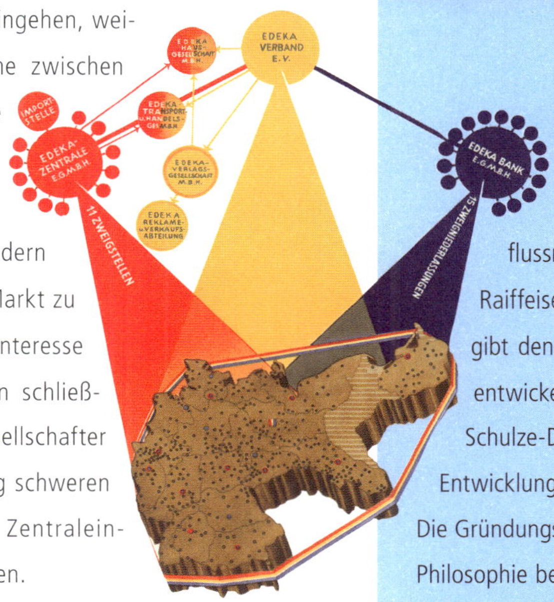

Einer für alle

Kaum ist die alte Gesellschaft begraben, wird sie am 21. Oktober 1907 als »Verband deutscher kaufmännischer Genossenschaften« wieder belebt. Der 24 Jahre junge Akademiker Dr. Karl Biller und der Berliner Kaufmann Fritz Borrmann legen damit den Grundstein der EDEKA. Der Verband wird zur Anlaufstelle für die Sorgen und Nöte der Einzelhändler in genossenschaftlichen und kaufmännischen Fragen. Der feste Rückhalt in einer Gemeinschaft ersetzt die Philosophie des Einzelkämpfers. Wenig später wird der Verband als »Revisionsverband« eingetragen. Damit darf er die gesetzlich vorgeschriebenen Revisionen der Einkaufsvereine in eigener Verantwortung übernehmen. Dennoch scheint die Fortentwicklung die Stimmungslage kaum zu beflügeln, denn der zum Vorstand gewählte Dr. Biller schreibt: »Wenn je eine Gründung ohne Begeisterung und große Hoffnung erfolgt ist, so die unseres Verbandes.«

Neue Ware: Berliner Damen warten auf Delikatessen

Der große Visionär der EDEKA: Dr. Karl Biller

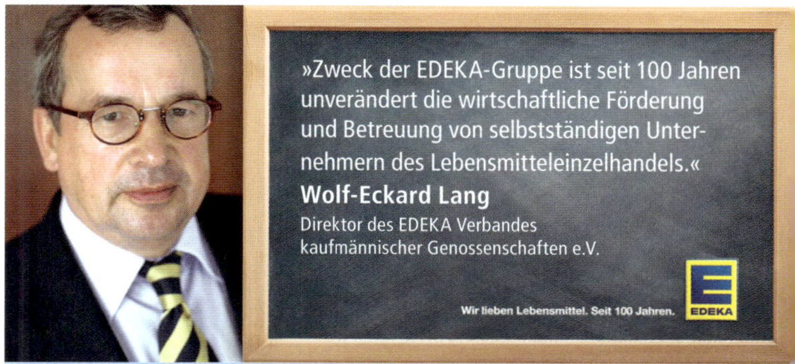

Genossenschaftsgedanke

Der Genossenschaftsgedanke wird in Deutschland Mitte des 19. Jahrhunderts von zwei einflussreichen Männern propagiert: Friedrich Wilhelm Raiffeisen und Hermann Schulze-Delitzsch. Raiffeisen gibt den entscheidenden Anstoß für das Gewerbe und entwickelt die Grundlage für ein Genossenschaftsgesetz. Schulze-Delitzsch hingegen legt das Fundament für die Entwicklung der landwirtschaftlichen Genossenschaften.

Die Gründungsväter der EDEKA waren von Anfang an von der Philosophie beseelt, die Einzelhändler im Wettbewerb zu stärken. Über 100 Jahre hinweg hat diese Idee nichts von ihrer Modernität eingebüßt.

Die EDEKA-Unternehmer sind Mitglieder der regionalen Genossenschaften, die wiederum zu 50 Prozent an den Regionalgesellschaften beteiligt sind. Die anderen 50 Prozent hält die EDEKA ZENTRALE. Die EDEKA-Gruppe lebt von der unternehmerischen Dynamik ihrer Einzelhändler. Wie ein roter Faden zieht sie sich durch alle Aktivitäten der EDEKA-Gruppe. Die EDEKA ZENTRALE und ihre Gremien sind für die strategische Steuerung und das Warengeschäft verantwortlich, die Regionalgesellschaften übernehmen das operative Geschäft. So ist EDEKA flexibler, marktnäher und kann sich leichter an regionale Marktverhältnisse anpassen. Die Genossenschaften sind Aktionäre der EDEKA ZENTRALE und der EDEKABANK sowie Mitglieder des EDEKA Verbandes. Über die Gremien der Gruppe sind die Kaufleute an allen strategischen Entscheidungen beteiligt.

In 99 Jahren haben sich Name und Gesicht der handelsrundschau oft verändert: v.l. die erste Ausgabe von 1908, eine Festnummer von 1930, mit neuem Namen 1958, schrill im Jahr 1976, eine Ausgabe von 2007

Schwarz auf weiß – Informationen aus erster Hand

Die Gründungsväter der EDEKA erkennen rasch, dass der Erfolg des Zusammenschlusses durch eine offene Informationspolitik rund um die Branche, den Markt und den Verband beflügelt wird. Und so gründen Fritz Borrmann und Dr. Karl Biller am 8. März 1908 den Verlag »Deutsche Handels-Rundschau GmbH«, der im Laufe der Jahre zahlreiche Druckerzeugnisse herstellt. Doch zum wichtigsten Medium wird alsbald die Zeitschrift »Deutsche Handels-Rundschau«. Seit sie am 4. April 1908 das erste Mal erscheint, ist sie die Informationsplattform der EDEKA.

Die »Handels-Rundschau«, so erklärt Borrmann, sei »das beste Bindeglied und das beste Propagandamittel für uns«. Zunächst erscheint das Blatt wöchentlich. Als Zeitungsdruck ohne Farbe, zum Preis von 25 Pfennig. Ein vierteljähriges Abo kostet 1,50 Mark plus Porto. Für Genossenschaftsmitglieder sind Hefte und Anzeigen kostenlos. Gleich von Beginn an beläuft sich die Auflage auf rund 300.000 Exemplare pro Jahr. Doch Gewinne erzielt die »Handels-Rundschau« erst ab 1912. Im Laufe der Jahre spezialisiert sie sich immer mehr auf Themen, die für den EDEKA-Kaufmann besonders wichtig und hilfreich sind. So erscheinen ab 1913 vier Beilagen im wöchentlichen Turnus: »Die Reklame-Beilage«, »Die Vereinswarte«, »Rat und Tat«, »Der Detailkaufmann in Theorie und Praxis«. Den Kaufleuten werden wichtige Verkaufs- und Werbetipps an die Hand gegeben, Steuerfragen erklärt. Mit Ausbruch des Ersten Weltkriegs gerät das Anzeigengeschäft ins Stocken. Die Druckkosten schlagen voll durch und so wird mit dem Verbandstag 1918 erstmals ein Lesebeitrag in Höhe von jährlich drei Mark für jedes Mitglied eingeführt. Dem Erfolg des Sprachrohrs tut dies keinen Abbruch. Bereits 1928 gilt die »Handels-Rundschau« als das »bedeutendste Fachblatt unserer Branche auf dem ganzen Kontinent«. Während des Zweiten Weltkriegs muss die Zeitschrift Ende 1942 vorübergehend eingestellt werden. Die Nazis verbieten privaten Wirtschaftsorganisationen die Führung von Verlagen und Zeitschriften. Nach dem Krieg ringt EDEKA fünf Jahre lang hartnäckig um die Lizenz, die nur zögerlich erteilt wird. 1949 kommt die »Handels-Rundschau« dann erstmals wieder auf den Markt. Vier Jahre später präsentiert sich das Fachblatt in neuem Layout mit hochwertigen Kunstdruck-Beilagen.

Über die Jahre hinweg ist das Magazin, das heute eine Auflage von 14.400 Exemplaren zählt, mehrmals relauncht worden. Alle zwei Wochen werden die Einzelhändler über aktuelle Themen aus der Gruppe und innovative Vertriebskonzepte informiert sowie die Macher des unternehmerischen Erfolgs porträtiert.

Gern gelesen von Kaufmann und Kunde: Bücher und Broschüren aus dem EDEKA Verlag

Oben: Mitarbeiterinnen verpacken den beliebten EDEKA-Abreiß-Kalender, hier die Ausgabe für 1957
Links: letzte Korrekturen an der Kundenzeitschrift »Die kluge Hausfrau«

Vorsprung durch mehr Wissen

Der Verlag, der 1922 auf den Namen »EDEKA Verlagsgesellschaft mbH« umgetauft wird, publiziert neben der »Handels-Rundschau« auch Bücher. Bereits auf dem 3. Verbandstag wird der Wunsch nach einer Verlagsabteilung laut, die ihren Schwerpunkt auf genossenschaftliche und fachliche Literatur legt. Diese soll den Mitgliedern wichtige Tipps liefern und ihnen helfen, die Umsätze zu steigern. Als erstes Werk erscheint 1911 das Buch »Kolonialwarenkleinhandel – Einkaufsvereine« von Dr. Willie Völkner in einer Auflage von 2.000 Exemplaren. Ab 1923 wird die Hausdruckerei ausgebaut. Nach dem Umzug ins neue EDEKA-Haus werden die erste Tiefdruckpresse und andere Maschinen angeschafft. Mit der Übernahme der Reklame- und Verkaufsabteilung des Verbandes ist der Verlag ab sofort auch für den Vertrieb sämtlicher Drucksachen, Geschäftsbücher und Büromaterialien verantwortlich. 1925 bringt der Verlag weitere Zeitschriften auf den Markt: unter anderem den »Edeka-Einkäufer« und die Zeitschrift »Die kluge Hausfrau«. Letztere wird dank der vielen Rezepttipps, Kurzgeschichten und Reportagen von den Kunden gerne gelesen. 1930 erreicht sie bei wöchentlichem Erscheinen eine monatliche Auflage von 1,25 Millionen. 2007 wird aus der mittlerweile etwas angestaubten Publikation das erste Kundenmagazin modernen Zuschnitts: »Mit Liebe« startet national in einer Auflage von 1,7 Millionen Exemplaren.

1938 zwingt eine Verordnung der Reichsschrifttumskammer EDEKA, sich von dem Verlag zu trennen. Er wird in eine Kommanditgesellschaft umgewandelt, die sich mit dem Zusammenbruch des Reiches 1945 auflöst. Erst 1950 wird der Verlag in Hamburg neu gegründet.

Garantiert ein »flotter Absatz«: das werbewirksame Ka-Ha-Vau-Mobil

Im Schreibzimmer der EDEKA ZENTRALE: viel Arbeit für die Damen

Der Aufbau der EDEKA-Struktur

Da der neue Verband ein ideeller Verein ist und sich operativ nicht betätigen kann, wird eine zentrale Warenbeschaffungsstelle aus der Taufe gehoben. Am 25. November 1907 wird die »Zentraleinkaufsgenossenschaft des Verbandes deutscher kaufmännischer Genossenschaften GmbH« (kurz Z.E.G.) gegründet, die heutige EDEKA ZENTRALE.

Das Startkapital beträgt 800 Mark (acht Geschäftsanteile zu je 100 Mark) und wird aus eigener Tasche vorgelegt. Den Vorstand bilden Dr. Karl Biller, Fritz Borrmann und Max Kessler. Es gibt viel zu tun für die Pioniere der ersten Stunde. Viele Einzelhändler im Deutschen Reich müssen überzeugt werden, sich in der Bewegung zu engagieren und örtliche Einkaufsvereine zu gründen, die dann Mitglied des Verbandes werden können. Ihre Waren sollen sie im Gegenzug auf freiwilliger Basis über die Zentrale beziehen.

EDEKA schärft das Profil

In zwei kleinen Zimmern, die von der Berliner Genossenschaft kostenlos in der Lindenstraße 108 zur Verfügung gestellt werden, machen sich Biller und Borrmann an die Arbeit. Mit dabei: eine Kassiererin, eine Schreibkraft, ein Buchhalter und zwei Gehilfen. Die Kosten für die Geschäftsführung sind für das erste halbe Jahr auf 1.500 Mark veranschlagt. Der Gesamtumsatz im ersten Geschäftsjahr: 1,125 Millionen Mark, erwirtschaftet von den 10 Genossenschaften, die bereits Mitglied in der Z.E.G. sind. Anfangs will man sich beim Direktgeschäft auf ein bis zwei Artikel beschränken. Doch das Geschäft nimmt schnell Fahrt auf und die handelsrundschau notiert, »daß steigender Umsatz und Selbstregulierung die Inanspruchnahme eines eigenen Kontos bei der Dresdner Bank erforderlich machten«. Immer wieder werden die Mitglieder ermahnt, nur gegen Barzahlung ihre Ware zu verkaufen.

Ein halbes Jahr nach der Verbandsgründung bringen Borrmann und Biller die Verbandszeitschrift »Deutsche Handels-Rundschau« heraus, erste Publikation des eigenständigen EDEKA Verlages. 1910 erkennt der Verband die Wichtigkeit der Werbung und richtet eine eigene Reklameabteilung ein. Gleichzeitig wird beschlossen, ein einheitliches Verbandszeichen einzuführen. Zur engeren Auswahl stehen u.a.: Kula (Kolonialwaren- und Lebensmittel-Ausstellung) und Ka-Ha-Vau (Kolonial-Handels-Verein, Chemnitz). Obwohl Pug (Preiswert und gut) ein heißer Favorit ist, entscheiden sich die Mitglieder für EDEKA. Die »Einkaufszentrale der Kolonialwarenhändler im Halleschen Torbezirk zu Berlin« (E.d.K.) überlässt 1911 dem Verband und der Zentrale die Rechte an dem von ihr geprägten Wort- und Bildzeichen.

Zeitlos

Diese noch heute beliebten Marken entstehen:

1907 Chlorodont Zahnpasta

1908 Melitta Filtertüten

1908 Toblerone

1911 Nivea Creme

1912 Bärenmarke Alpen-Milch

1912 Brandt Zwieback

EDEKA setzt verstärkt auf Eigenmarken

En vogue: porentiefe Reinheit

Strahlend weiß: ein Persil-Werbeplakat um 1910

Markenartikelkampf

Dr. Biller knüpft Kontakte zu den begehrten Markenartikelfirmen und handelt satte Rabatte aus. »Liebig's Fleischextract« ist seit den 60er Jahren des 19. Jahrhunderts ein Begriff. Um die Jahrhundertwende kommen Dr. Oetkers Puddingpulver, Maggis Suppenwürfel und Levers Sunlicht-Seifen hinzu. Neben Markenartikeln werden auch Stapelartikel ins Sortiment mit aufgenommen. Erstmals wird über Eigenmarken nachgedacht. Die Mitglieder fordern so genannte »Paketartikel«, die nur in EDEKA-Geschäften erhältlich sind. Grund: Der Geschäftsverkehr mit Lieferanten wird schwieriger. Sie wollen Einkaufsgenossenschaften nur zu Einzelhandels-, nicht zu Großhandelskonditionen beliefern. Grossisten und Markenartikelindustrie lehnen gemeinsame Waggonbezüge der Genossenschaften ab. Manche rufen gar zum Boykott auf.

Gut angelegt: ein Sparbuch der EDEKABANK

Die Markenartikelhersteller gehen überdies auf die Barrikaden, nachdem einige Einkaufsvereinigungen beginnen, Eigenmarken zu verkaufen. Die Hersteller fordern mit Nachdruck den Verkaufs- und Werbestopp dieser Eigenmarken. Über 40 Markenartikelfabrikanten boykottieren die Z.E.G. Der erste Machtkampf mit den Produzenten ist entbrannt. Dennoch gelingt eine schnelle Einigung.

Die EDEKAner haben zwei frühe Lektionen gelernt: Erstens, dass der Erfolg von der Ent- und Geschlossenheit abhängt und zweitens, wie wichtig es ist, Eigenmarken als Gegengewicht zur Marktmacht der Industrie zu verkaufen.

Die eigene Bank

Bereits im September 1908 setzt sich Borrmann mit der Notwendigkeit eines Bankkredites auseinander: »Obwohl die Einkaufsvereine an dem Prinzip festhalten sollen, nur gegen Kasse zu verkaufen, werden die meisten, die ein großes Warenlager unterhalten müssen, gezwungen sein, Kredit in Anspruch zu nehmen.« Dieser wird aber von den meisten Banken aufgrund mangelnder Sicherheiten abgelehnt. Eine leistungsfähige Verbandskreditkasse, so der Plan, würde Abhilfe schaffen. Mit günstigen Krediten ließen sich das Inlands- und Importgeschäft dauerhaft finanzieren. Kritiker befürchten indes drohende Spekulationsgeschäfte. So wird gemutmaßt, dass sich Einzelhändler möglicherweise zu große Warenlager anschaffen, die zwangsläufig zu Verlusten führen werden. Der Ausbruch des Ersten Weltkriegs verschärft jedoch den Wunsch vieler Mitglieder nach Gründung einer Zentralkasse. Sie soll den gesamten Geldverkehr der kaufmännischen Genossenschaften mit ihren Lieferanten sowie die Kreditvergabe an Mitglieder regeln. Am 12. November 1914 wird in Berlin-Mitte die »Genossenschaftsbank EDEKA« gegründet. Ein Geschäftsanteil in Höhe von 1.000 Mark gilt für jede Mitgliedsgenossenschaft, die Haftsumme ist auf 5.000 Mark begrenzt. Die Verwaltung der Bank übernehmen die Angestellten des Verbandes und der Zentrale im Nebenamt. Die Folge all dieser Entscheidungen kann sich sehen lassen: EDEKA entwickelt sich von da an prächtig. Zwischen 1908 und 1914 verzehnfacht sich der Umsatz auf über 10 Millionen Mark, die Zahl der Genossenschaften steigt auf 72. Nach nur sieben Jahren haben es der junge Verband und die Z.E.G. geschafft, sich für die Krisen der Zukunft zu wappnen.

Revolutionär

Es ist wohl eines der größten Geschenke an die Hausfrau: Persil, das erste »selbsttätige« Waschmittel Deutschlands. 1907 wird es von zwei Chemikern der Firma Henkel entwickelt, die NatriumPERborat und NatriumSILikat miteinander kombinieren. Das Ergebnis ist revolutionär. Beim Kochen der Wäsche wird fein perlender Sauerstoff freigesetzt, der Textilien schonend und geruchsfrei bleicht. Vorbei die Zeiten, in denen die Hausfrau mühsam die Wäsche reiben, schwenken und walken musste.

Im Krieg beschlagnahmt das Militär zivile Fahrzeuge aller Art für die Versorgung der Soldaten an der Front

»Am deutschen Wesen soll die Welt genesen«
Kaiser Wilhelm II.

Kurz & Gut

Die verschiedenen EDEKA-Schriftzüge von 1911 bis 1912 zeigen deutlich die Experimentierfreude im Auftritt

Selbstbewusste Werbung für die »neue Qualitätsmarke«

Wenn man nur wüsste, wie Schweden schmecken …

Gesucht Kriegsvertretung.

Geschäftsführer mit besten Empfehlungen, bilanzsicher und erfahren in der Lebensmittelbranche, der den Einkauf zuverlässig und selbständig für unsern Versorgungsbezirk zu übernehmen in der Lage ist, **gesucht.** Geeignete Herren, die dem Geschäft, welches mehrere Millionen Mark Umsatz aufweist, in sachgemässer Weise vorstehen können, wollen sich unter Angabe bisheriger Tätigkeit bei uns bewerben

Kriegsverletzte bevorzugt.

Einkaufsverein der Kolonialwarenhändler
Gottesberg i. Schles.

Während des Krieges muss für Ersatz gesorgt werden. Kriegsversehrte bevorzugt

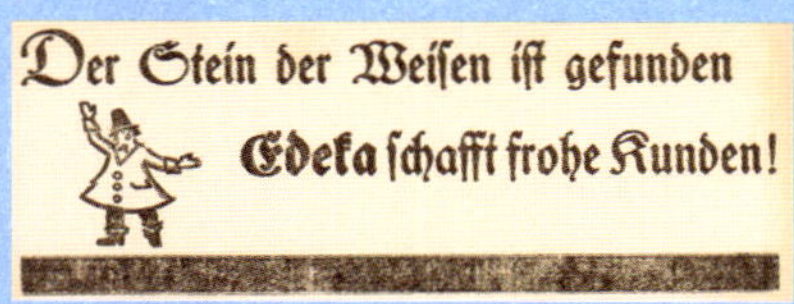

Wie wahr, wie wahr …

Der Erste Weltkrieg

Am 28. Juni 1914 zerschmettern Schüsse in Sarajevo den gläsernen Frieden in Europa. Der Hunger nach globaler Geltung, gepaart mit nationalem Stolz, stürzt die Länder Europas in den Ersten Weltkrieg. 15 Millionen Menschen bezahlen dafür mit ihrem Leben, darunter 6 Millionen Zivilisten.

Kaum wird die Mobilmachung verkündet, rennen die Menschen in die Geschäfte. Panikkäufe überall. Lebensmittel wie Zucker, Mehl, Salz und Hülsenfrüchte werden auf Vorrat gekauft. Die Angst, dass die Lebensmittel knapp werden, sitzt tief. Rasant leeren sich die Lager, auch wenn die staatlichen Stellen die Bürger immer wieder zu beruhigen versuchen. Die Preise schießen in die Höhe. »Verschiedene Artikel seien innerhalb 48 Stunden um 50 bis 100 Prozent im Preise gestiegen«, schreibt die handelsrundschau im September 1914. Für viele Bürger ist der Kolonialwarenhändler schuld an der Misere. Dabei sind es die Grossisten, die die Waren zurückhalten, bis der Preis erheblich gestiegen ist. Die Einkaufsgenossenschaften dagegen geben ihre Produkte teilweise rund 30 Prozent billiger ab als der Großhandel. Überdies meldet die handelsrundschau im Oktober 1914, »daß die Lieferanten die Verträge – auch solche ohne Kriegsklausel – einfach annullierten, obwohl sie mit Waren versehen waren und liefern

Wussten Sie …?

1912 entdeckt der Wissenschaftler Casimir Funk bei Versuchen einen Stoff, den er Vitamin – aus dem lateinischen vita = Leben und amin = stickstoffhaltig – nennt. Heute kennen wir den Stoff als das »Stimmungsvitamin« B1, das z.B. in Soja oder Weizenkeimen vorhanden ist.

Sojakeimlinge enthalten viel »Stimmungsvitamin« B1

Jubelnder Abschied: Die Soldaten ziehen in den Krieg

Kohlrüben: zum Frühstück, Mittag und Abendessen

Pure Verzweiflung: eine Kriegswitwe mit ihrem Baby

konnten.« In derselben Ausgabe werden weitere, ganz neue Schwierigkeiten der EDEKAner aufgeführt. So hätten »verschiedene Vereine die gekauften Waren nicht erhalten, weil die Bahn nicht beförderte. Zu bedeutend höheren Preisen mussten die Mitglieder sich deshalb bei den nächsten Grossisten eindecken.« Die Einzelhändler fordern die Kunden zum Kauf deutscher Ware auf: Statt zum englischen Produkt Mondamin sollen sie lieber zu Dr. Oetkers Gustin greifen.

EDEKAner an der Front

Durch die Mobilmachung verlieren einige Händler bis zu 50 Prozent ihrer Kundschaft und damit auch ihrer Umsätze. Die Männer müssen an die Front, darunter viele EDEKA-Händler. Von Anfang an dabei: Dr. Karl Biller. Die Geschäfte führen meist die Ehefrauen weiter, unterstützt durch zahlreiche EDEKA-Kollegen. Die Bürgerhilfe steht im Mittelpunkt. Der Chemnitzer Ka-Ha-Vau überlässt der Stadtverwaltung Gutscheine zur Verteilung an Bedürftige. Mitglieder des Einkaufsvereins der Kolonialwarenhändler in Kiel verpflichten sich, »an sehr bedürftige Familien, deren Ernährer im Felde steht und für welche die bereits erwähnte Unterstützung nicht ausreicht, eine besondere Beihilfe in notwendigen Lebensmitteln zu gewähren.« Die Ein- und Verkaufsgenossenschaft Frankfurter Kolonialwarenhändler schenkt den durchkommenden Truppen Tabak und Zitronen. Die Frauen der eingezogenen EDEKAner unterstützt sie mit drei bis fünf Mark wöchentlich. Doch je länger der Krieg dauert, um so schwieriger werden die Warenlieferungen. Pferde, Fuhrwerke, Autos und später sogar Fahrräder werden vom Militär beschlagnahmt. Überdies lähmt die britische Seeblockade die deutsche Wirtschaft. Überall mangelt es an Rohstoffen. Die Bauern können ihre Felder nicht bestellen, die Kartoffelproduktion sinkt von 52 Millionen Tonnen (1913) auf 29 Millionen Tonnen (1918). Ersatzstoffe überschwemmen den Markt, wie Kaffee aus Kartoffelkleie. Eine offizielle Liste umfasst rund 50 Ersatzstoff-Gruppen: vom Kunstspeisefett bis zum Käsegeschmacksmittel.

Zwangsbewirtschaftung

Der Staat rationiert die Lebensmittel. Der Schleichhandel wächst. Bereits 1915 kommt es im Reich zu ersten Hunger-Protesten und Streiks. Mit einer Flut von 8.400 Gesetzen und 33.000 Verordnungen versucht die Regierung das Chaos in den Griff zu bekommen. So fordert das Kriegsernährungsamt für eine optimale Nahrungsverwertung von den Bürgern, 2.500 Kauakte für 30 Bissen in 30 Minuten durchzuführen. Der völlige Zusammenbruch der Lebensmittelversorgung lässt sich im Kohlrübenwinter 1916/17 dennoch nicht verhindern. Rund 750.000 Menschen sterben während des Ersten Weltkriegs in Deutschland an Unterernährung und ihren Folgen. 1915 werden Höchstpreise für landwirtschaftliche Produkte festgesetzt. Fast täglich werfen Kriegsgesellschaften, die zuständig für die Bewirtschaftung knapper Güter sind, und Gemeinden neue Bestimmungen auf den Markt. Die handelsrundschau ist bestens beschäftigt, ihre Mitglieder auf dem neuesten Stand zu halten. Die Gemeinden werden mit dem Verteilen von Lebensmitteln beauftragt. Für die Händler ist das ruinös, denn von den wenigen Waren, die sie noch frei verkaufen dürfen, können sie kaum ihre Kosten decken. Die Zwangswirtschaft macht sie abhängig von den Behörden. 1917 gestattet der preußische Minister der öffentlichen Arbeiten den Angestellten seiner Verwaltung, »die Diensträume und die Dienststunden zum Zweck des gemeinsamen Warenbezuges zu verwenden«, meldet die handelsrundschau. Auch das Innenministerium führt diese Regelung ein. Aufgrund all dieser Probleme suchen immer mehr Einzelhändler den Rückhalt in der Genossenschaft. Die Händler solidarisieren sich. Das Misstrauen von früher schwindet. Der Genossenschaftsgedanke festigt sich.

Propaganda-Aufruf von 1914 aus der handelsrundschau

1919 bis 1932

Als alte Edekanerin habe ich in
46 Jahren Zugehörigkeit schwere
und auch viele gute Zeiten erlebt.

Elise Schöler, geboren am 16.01.1921

Brutale Kriegszerstörung: Elend im Westen wie im Osten

Traumatisiert: Viele Kriegsheimkehrer leiden unter dem Erlebten

Tanzend: 1928 malt Otto Dix die wilde »Großstadt«

Der Tanz ums Überleben

Der Krieg ist vorbei, doch das Leiden noch lange nicht. Die EDEKAner sichern ihre Liquidität über den Rechnungseinzug und Bargeldzahlung ab. Zwischen Inflation und Weltwirtschaftskrise tanzen die Deutschen ihre Probleme weg.

Als am Montag, dem 11. November 1918, das Trommelfeuer aus den schlammigen Schützengräben verstummt, lechzt die Welt nach Frieden. Die brutalen Materialschlachten und irrsinnigen Giftgasattacken haben nach vier Jahren endlich ein Ende. Das alte Europa ist tot. Drei Monarchien sind zerstört. Über zwei Millionen deutsche Soldaten kehren von den Schlachtfeldern nicht mehr zurück. Die Überlebenden taumeln traumatisiert und oft verstümmelt nach Hause. Unter ihnen viele EDEKAner. Zu Hause warten Hunger, Leid und Verzweiflung.

Der Krieg hat die Kräfte der deutschen Wirtschaft und Bevölkerung an ihre Grenzen gebracht. Alles dürstet nach Stabilität und Ruhe. Die Kriegsopfer und Hinterbliebenen müssen versorgt, die Kriegswirtschaft muss auf eine Friedensproduktion umgestellt werden. Durch die entstehenden Kosten schlittert Deutschland in eine extrem hohe Staatsverschuldung. Die Auflösung der Zwangswirtschaft erfolgt nur sehr schleppend. Höchstpreise für Mangelartikel sowie die Warenverteilung durch die Kommunen gehören zum täglichen Geschäft. Die Behörden diktieren willkürlich die Preise. So kostet Margarine 1919 im Großhandel 4,70 Mark, ein Jahr später sind es bereits 13,30 Mark. Der Butterpreis steigt von 6 auf 26 Mark pro Pfund. Schon kurz darauf kann es passieren, dass sich die Preise plötzlich halbieren – die EDEKA-Kaufleute bleiben mit ihren Lagerbeständen auf dem Verlust sitzen.

1919 gründen sie die EDEKA-Importstelle in Hamburg. Der rasch wachsende Geschäftszweig sorgt für einen kontinuierlichen Warenfluss aus Übersee. Ein eigenes Lager bekommt die Importstelle jedoch erst sieben Jahre später.

Als zweite, wichtige Innovation führen Zentrale und Bank 1920 das »Quittungs-Einzugs-Verfahren« ein. Das heißt: Die Summe für die Warenrechnungen wird einfach von den Genossenschaftskonten bei der EDEKABANK eingezogen. Dies sorgt für eine kontinuierliche Liquidität zur Warenbeschaffung.

1921 verabschieden die EDEKA-Mitglieder eine wichtige Satzungsänderung. Ab sofort muss jede Genossenschaft, die der EDEKA beitreten

EDEKA-Meilensteine

1919 In Hamburg wird die EDEKA-Importstelle gegründet

1920 Die EDEKA ZENTRALE entwickelt das »Quittungs-Einzugs-Verfahren«

1925 EDEKA bietet im Sortiment bereits 25 Eigenmarken-Artikel an

1926 Die EDEKA-Zentralbuchhaltung wird eingerichtet und man geht zur Barzahlung über

1930 In Berlin gründen 26 EDEKA-Jungkaufleute die SPARA

Heimreise: Alliierte Truppen freuen sich über das Kriegsende

Zucker ist äußerst schwer zu bekommen. Darum ...

... ist die Produktion von Pflaumenmus verboten

Eine Zweigstelle der EDEKA ZENTRALE macht 1921 in Breslau auf

will, gleichzeitig Mitglied des Verbandes, der Zentrale und der Bank sein. Der weitere Ausbau der EDEKA erfolgt durch die Eröffnung neuer Zweigstellen von Zentrale und Bank im ganzen Reich. Eine im Mai 1918 eingeführte Preistreibereiverordnung, auch Wucherverordnung genannt, setzt die Einzelhändler vielen Schikanen aus. Unzufriedene Kunden können jederzeit den Kaufmann bei der Polizei anzeigen, sofern er ihnen nicht die erwünschte Ware aushändigt. So berichtet die handelsrundschau beispielsweise über einen EDEKA-Kaufmann, der sich vor Gericht verantworten muss, weil er die begehrte Mangelware Zucker lieber an seine festen Kunden statt an die Laufkundschaft abgeben wollte.

Zuckerbrot und ...

Doch der Zuckerhandel hat für die EDEKA auch seine süßen Seiten. Anfangs ist der private Großhandel für die Vergabe von Zucker zuständig. Der vergibt die süße Ware jedoch nur gekoppelt an den Verkauf anderer Produkte. So bekommt ein Kaufmann 25 Pfund Zucker, wenn er gleichzeitig für 1.000 Mark Ware einkauft. Erst eine neue Verordnung der Reichsregierung erkennt die Zentrale und die ihr angeschlossenen Genossenschaften als gleichberechtigte Großhandelsorganisationen an, die ebenfalls an ihre Mitglieder Zucker verteilen können. Tausende Einzelhändler drängen daher zur blau-gelben Gruppe. Die meisten jedoch ohne Überzeugung.

Existenzbedrohung

Auf den Straßen und an den Schreibtischen der Republik entbrennen heftige Kämpfe. In der Politik geht es um neue Ideale. In der Wirtschaft um den Abbau der zahlreichen Kriegsgesellschaften und behördlichen Monopole. Streiks, Plünderungen, Schleichhandel und Sondergerichte sind an der Tagesordnung.

Rund 80 Prozent der Fleischwaren werden unter der Hand vertrieben. Bewaffnete Spartakisten halten mit Lebensmitteln beladene Fuhrwerke in Berlin auf offener Straße an und beschlagnahmen diese im Namen des Revolutionskomitees und unter der Parole »Freiheit und Gleichheit«.

Goldig

Elf Tage vor Weihnachten im Jahr 1920 lässt Hans Riegel die Firma Haribo – kurz für **HA**ns **RI**egel **BO**nn – ins Bonner Handelsregister eintragen. Das Startkapital: ein Sack Zucker. Bereits zwei Jahre später entwickelt er jenes Fruchtgummi, das über die deutschen Grenzen hinaus Kinderherzen höher schlagen lässt: den Haribo Goldbären, damals Tanzbär. Inspiriert wird er dabei von Tanz- und Teddybären. Heute purzeln täglich 100 Millionen Goldbären von den Fließbändern der Produktionsstätten. Insgesamt produzieren rund 6.000 Mitarbeiter in 5 Betrieben in Deutschland und 13 weiteren in Europa 200 verschiedene Süßwarenartikel. Mitte der 30er Jahre entwickelt die Firma Deutschlands bekanntesten Werbeslogan: »Haribo macht Kinder froh«. 30 Jahre später kommt »und Erwachsene ebenso« hinzu.

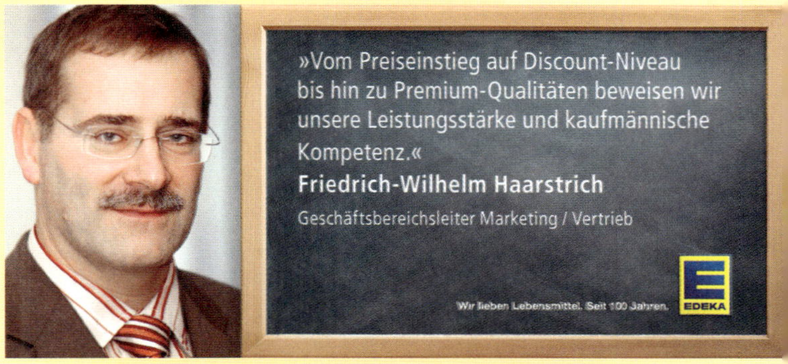

Made by EDEKA

Der Ruf nach Eigenmarken und Eigenproduktion erklingt schon früh unter den Mitgliedern der EDEKA. Bereits 1908/09 muss sich die Zentrale mit solchen Forderungen auseinander setzen. Das Argument der Befürworter: Wenn man seine eigenen Lebensmittel herstellt, kann man die Preispolitik besser kontrollieren und ist den Großhändlern und der Industrie beim Einkauf der Ware nicht mehr so ausgeliefert.

Doch die Zentrale hält zunächst dagegen: Viel zu hoch sei die finanzielle Belastung, zu unübersichtlich das Risiko. Der Bezug von Waren beim Lieferanten biete mehr Freiheiten und weniger Verpflichtungen. Der Markenartikelkrieg von 1911/1912 beweist das Gegenteil. Als die Hersteller wichtiger Markenartikel sich weigern, EDEKA zu beliefern, setzen die Genossen verstärkt auf eigene Produkte. Zuerst sind es 18 Artikel, darunter Margarine, Malzkaffee, Milch und Schokolade. 1925 beginnt mit der Übernahme der »Ostdeutschen Eiernudel- und Makkaroni-Fabrik, Breslau« die Eigenproduktion. Mit ihren Eigenmarken liegt EDEKA immer ganz nah am Puls der Zeit. Zur ersten Diät-Welle, die Ende der 50er Jahre durch Deutschland schwappt, wird die gesundheitsbetonte Eigenmarke »Neuquell«, später »Wertkost«, gegründet. 1965 erscheint die umfangreiche Kosmetikserie »Royal«. Ende der 60er Jahre kommt unter dem Namen »EUCO« (ein Projekt von zwölf Handelsgruppen aus elf Ländern) Tiefkühlgeflügel auf den deutschen Markt. Die Marke »Rio Grande«, die sich hauptsächlich auf Obst- und Gemüsekonserven spezialisiert, wird aufgebaut. Anfang der 70er Jahre wird die Milchmarke »Mibell« geboren, die mittlerweile die größte Handelsmarke in deutschen Kühlregalen ist. Auch biologisch angebaute Wertkost-Artikel, die später »BIO WERTKOST« heißen, kommen ins Regal. Unter der Linie »Bancetto« findet der Kunde italienische Pasta und Pizza. Ende der 90er erscheint das Nonfood-Aktionsprogramm »Eka«. Immer mehr EDEKA-Eigenmarken erhalten Auszeichnungen für ihre gute Qualität. So wird das Bier »Schloß Export« mit diversen Silbermedaillen prämiert.

Schon mit Beginn der 60er Jahre müssen sich die Eigenmarken gegen die aufsteigenden Discounter durchsetzen. Die Produkte von »Elbingo« und »Delta« halten damals im Preis dagegen. In den 90er Jahren heißt das Preiseinstiegsprogramm »EURO SHOPPER«, seit 2001 »GUT&GÜNSTIG«.

Im Jahr 2007 gibt es insgesamt rund 1.800 Eigenmarken-Artikel, die etwa 15 Prozent des Gesamtumsatzes machen. Sie sind aufgeteilt in das Preiseinstiegssortiment »GUT&GÜNSTIG« und die Qualitätsmarken. Letztere sind nach einem Relaunch unter der Dachmarke »EDEKA« gebündelt.

Oben: die erste Fabrik für Eigenproduktion
Mitte: Der Kunde liebt das EDEKA-Mehl damals genau wie heute
Unten: Das Sortiment der EDEKA-Eigenmarken besteht heute aus diversen Qualitätsmarken und der Preiseinstiegslinie »GUT&GÜNSTIG«

Der Nachwuchs

Die wirtschaftlich harten Zeiten während der Großen Depression machen viele Mitglieder ratlos: Wie fördern wir unseren Nachwuchs? Die Eltern und Lehrherren, die vor dem Ersten Weltkrieg den jungen Kaufleuten einen Kredit für das eigene Geschäft gewährten, haben jetzt selbst kein Geld mehr. Dr. Paul König, stellvertretender Verbandsdirektor, und sein Kollege Fritz Godau von der EDEKABANK fordern: Das für die Existenzgründung benötigte Kapital muss von den Jungkaufleuten selbst angespart werden.
Ihr Motto lautet Selbstständigkeit durch Selbsthilfe.
Am 22. Juli 1930 treffen sich 26 Jungkaufleute im Berliner EDEKA-Haus und gründen die »Spar- und Arbeitsgemeinschaft der Jungkaufleute des deutschen Kolonialwaren- und Feinkost-Einzelhandels«, heute EDEKA Juniorengruppe e.V. Die Mitglieder zahlen regelmäßig einen Betrag in den »Sparfundus« ein. Daraus werden Darlehen für die Gründung neuer Existenzen vergeben. Gleichzeitig werden die Jungkaufleute während der Ansparzeit und später beruflich weitergebildet.
Die heutige EDEKA Juniorengruppe hat sich vom Gedanken einer Spargemeinschaft verabschiedet. Sie konzentriert sich auf die Herausbildung von Unternehmerpersönlichkeiten. Beispielhaft ist der große Wissensaustausch, der in zahlreichen Fortbildungsprogrammen, Erfa(=Erfahrungsaustausch)-Gruppen und regionalen Juniorenkreisen stattfindet.
2007 absolvieren 12.500 Jugendliche ihre Ausbildung bei EDEKA – das ist fast jeder zehnte Ausbildungsplatz in Deutschland.

Die EDEKABANK sichert die Finanzierung des Mittelstandes

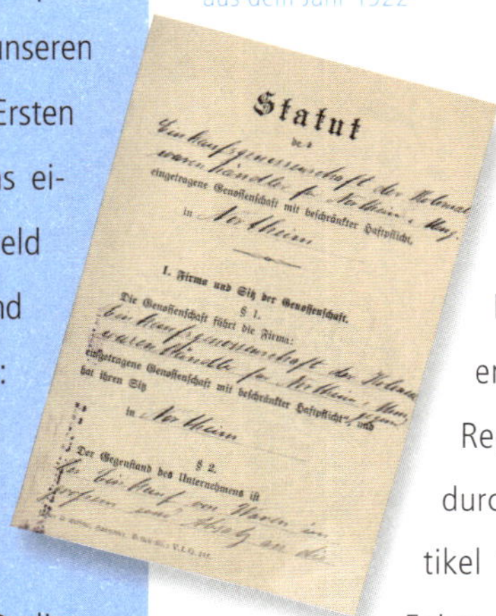
Statut
1. Firma und Sitz der Genossenschaft.
§ 1.
§ 2.

Genossenschaftliches Statut aus dem Jahr 1922

Aus dem ersten demokratisch gewählten Parlament in Weimar gellen den EDEKAnern so bedrohliche Schlagwörter entgegen wie Sozialisierung, Planwirtschaft, Reglementierung. Der Einzelhandel fühlt sich durch den Gemeinwirtschaftsgedanken im Artikel 156 der neuen Reichsverfassung in seiner Existenz bedroht. Dieser besagt, dass im »Falle dringenden Bedürfnisses« alle wirtschaftlichen Unternehmen und Verbände vom Staat verwaltet werden können. Gleichzeitig werden die ärgsten Konkurrenten der EDEKAner, die Konsumvereine, von der Politik bevorzugt. So gelten bei dem neu eingeführten Bezugsscheinverfahren für die Warenverteilung die Konsumvereine als offizielle Partner. Der EDEKA-Kaufmann darf seine Bezugsscheine nur bei einem zugelassenen Großhändler einreichen, nicht aber bei seiner Genossenschaft.
Auch die Sammelbestellungen in den Amtsstuben halten in den Nachkriegsjahren an. Die Versandkosten für die Ware übernimmt der Staat, bezahlt wird mit Vorschussgeldern der Amtsstellen.
Ein weiterer Konkurrent sind die Industriebetriebe mit ihren Werkskonsumanstalten. Die handelsrundschau erklärt der Sozialdemokratie im Februar 1919 den Kampf: »… es bleibt unsere Pflicht, dafür zu sorgen, daß sie in keiner Vertretung, besonders nicht in den Gemeinden die Mehrheit bekommt.«

»Das ist kein Frieden. Das ist ein zwanzigjähriger Waffenstillstand«
Ferdinand Foch, französischer General im Ersten Weltkrieg

Sehr anregend: Mitternachtssnack »Strammer Max«

Mangelerscheinung: Den Deutschen fehlt die Milch

Warme Mahlzeit: Nach dem Krieg sind 50 Prozent der Stadtkinder unterernährt

Leckerbissen

Einige flüstern es peinlich berührt ganz leise über den Tresen. Andere brüllen es quer durch die Kneipe: Einen »Strammen Max« bitte! Nervöses Kichern, neidische Blicke. Der Name dieser Leckerei aus einer Scheibe Mischbrot, Schinken und Spiegelei weckt ungewollt erotische Gedanken. Doch woher kommt eigentlich dieser Name? Er entsteht irgendwo in einem Dorf in Sachsen im Jahre 1920. Da der kleinen Mahlzeit dort sehr schnell eine eindeutig zweideutige Wirkung zugesprochen wird, trägt sie diesen eindeutig doppeldeutigen Namen.

Unterstützung suchen die Einzelhändler bei der Deutsch-Nationalen Volkspartei, die unter anderem für den Abbau der Zwangswirtschaft und die Aufhebung der Kriegsgesellschaften plädiert.

Der Knebelvertrag

Am 28. Juni 1919 um 15.12 Uhr unterschreiben die Deutschen das »Friedens-Diktat« von Versailles. Der letzte Stoß, der die deutsche Wirtschaft ins Verderben stürzt. Die Deutschen fühlen sich ungerecht behandelt. Die Forderung der Alliierten: 132 Milliarden Goldmark Reparationszahlungen und die Abgabe von 30 Prozent des Territoriums inklusive der Kolonien. Damit sind 26 Prozent der deutschen Steinkohle- und 70 Prozent der Erzförderung, 44 Prozent der Roheisen- und 38 Prozent der Stahlproduktion sowie 14 Prozent der landwirtschaftlichen Flächen verloren. Sogar Milchkühe müssen die Deutschen an die Alliierten liefern. Und das, obwohl immer noch viele deutsche Jugendliche an Skrofulose, Rachitis und Blutarmut leiden. Zusätzlich ziehen die Siegermächte Lokomotiven, Eisenbahnwaggons und LKW ab. Von der Hochsee-Handelsflotte, die 1914 die zweitgrößte der Welt war, werden 90 Prozent beschlagnahmt. Um all diese Forderungen zu erfüllen, steigert die Regierung die Geldproduktion. Die Inflation kommt ins Rollen.

Fürsorglich: Viele EDEKAner nehmen Kinder aus dem Ruhrgebiet auf

Die Ruhr-Besetzung

Als die Deutschen hinsichtlich der Reparationen sowie Holz- und Kohlelieferungen an Frankreich in Verzug geraten, marschieren französische und belgische Truppen Anfang 1923 kurzerhand ins Ruhrgebiet ein. Zuerst besetzen fünf französische Divisionen und eine belgische – das sind rund 60.000 mit Artillerie ausgerüstete Soldaten – die Städte Essen und Gelsenkirchen. In wenigen Tagen sind zwei Drittel des Ruhrgebietes unter ihrer Kontrolle. Die deutsche Regierung ruft zum passiven Widerstand in Form eines Streiks auf. Auch die EDEKAner solidarisieren sich. In der handelsrundschau ist zu lesen: »Mit besonderer Freude sei festgestellt, daß der große Beamtenapparat der Edeka-Zentral-Organisationen in Berlin aus freien Stücken beschlossen hat, zwei Prozent der Gehälter für das Ruhrgebiet bereitzuhalten«. Insgesamt spenden die EDEKAner bis November 1923 große Summen für die Ruhrhilfe. Ferner wird zum Boykott französischer Waren aufgerufen. Viele Kaufleute nehmen Kinder aus dem besetzten Gebiet auf. Die Einzelhändler in der belagerten Zone leben gefährlich. Wer sich weigert, Lebensmittel an die Besatzungstruppen auszuhändigen, wird verhaftet. In den EDEKA-Läden außerhalb des Ruhrgebiets verschickt man sogenannte »Liebesgaben-Pakete« an inhaftierte Kollegen und andere Gefangene.

Überlebenskampf

Die Wirtschaftskrise lässt das Volk leiden. Die Bevölkerung hungert. Kinder laufen durch Berlins Straßen und suchen nach essbaren Abfällen. Die Geldentwertung läuft so rasant, dass die Millionen-Reichsmarkscheine schon bald nur noch zum Heizen gut sind. Nachdem die Inflation überstanden ist, wird in Deutschland erstmal wild gefeiert. Die Tänzerin Josephine Baker zeigt den Frauen den heißen Modetanz »Charleston«.

Oben links: Eine Frau heizt ihren Ofen mit Geldscheinen
Unten links: Tänzerin Josephine Baker im Folies-Bergère
Unten rechts: Berliner Jungs sammeln essbare Abfälle
Ganz rechts: Inflationsgeld und EDEKA-Gutscheine

Die wertlosen Millionen-Scheine werden als Notizblock benutzt

Lange Warteschlangen vor der Freibank. Die meisten haben ihr Erspartes verloren

Wertloses Geld

Um die streikenden Deutschen zu beruhigen, druckt die Regierung immer mehr Geld. Die Reichsdruckereien arbeiten Tag und Nacht. Rund 30.000 Menschen und 133 Fremdfirmen werden mit der Herstellung von insgesamt knapp zehn Milliarden staatlich ausgegebenen Inflationsscheinen beschäftigt.

Doch das Geld reicht hinten und vorne nicht. Geldscheine werden vielfach einfach mit einem neuen Wert überstempelt. Die Lebensmittelpreise explodieren. 1923 kostet ein Brot im Deutschen Reich 470 Milliarden Mark, 1919 waren es noch 70 Pfennig. Eine Kiste Margarine zu 30 Pfund kostet im August 1923 noch 57 Millionen Mark, im September sind es bereits 237 Millionen Mark. Bald richten sich die Ladenöffnungszeiten nach den Bekanntgabeterminen für aktuelle Wechselkurse. Unter Androhung einer Gefängnisstrafe sind die Lebensmittel-Einzelhändler verpflichtet, Papiergeld entgegenzunehmen. Doch damit können sie beim Großhändler keine Ware kaufen. Denn dieser nimmt nur Goldmark oder ausländische Devisen. Der EDEKA Verband schlägt in einem Brief an die Reichsregierung Alarm: »Genossenschaften und Lebensmitteleinzelhandel können nicht mehr einkaufen, da Papiermark weder vom Erzeuger noch vom Großhändler in Zahlung genommen wird und Devisen und Goldanleihen ebenfalls nicht käuflich sind. Versorgung der Bevölkerung in größter Gefahr.«

Hungersnot

Wegen der kritischen Ernährungslage im September 1923 richtet die preußische Regierung Volksspeisungen ein. Die Hälfte aller Kinder in deutschen Städten ist unterernährt. Das internationale Komitee des Roten Kreuzes ruft zu Spenden für die hungernde deutsche Bevölkerung auf.

Eine besondere Bewährungsprobe erlebt die EDEKABANK. Der starke Währungsverfall verhindert die Einrichtung wertbeständiger Konten. Vorübergehend behilft man sich mit einem bargeldlosen Zahlungsverkehr.

Die EDEKABANK gibt Sparmarken im Wert von 20 Mark heraus. Jedes Genossenschaftsmitglied soll pro Woche mindestens eine Sparmarke erwerben. Für 50 auf eine Sparkarte geklebte Marken eröffnet die Bank ein Konto über einen Gesamtbetrag von 1.000 Mark und verzinst das Kapital mit 6 Prozent – bei jährlicher Auszahlung der Zinsen. Doch schon bald wird allerorts die Barzahlung gefordert. Auch die Erhöhung der Geschäftsanteile führt zu keiner bedeutenden Kapitalbildung. Die satzungsgemäß einzuzahlenden Papiermarkbeträge verlieren schon wenige Tage nach der Einzahlung ihren Wert. Die EDEKABANK versucht, die Guthaben der Kun-

Neuer Frauentyp: Flapper rauchen, tragen kurze Haare

Vom Feinsten: Auf Edelpartys wird Hummer serviert

Leichte Küche: Die Erfindung des »Volksherdes« 1928 erleichtert der Hausfrau die Arbeit

den in Wertpapiere und Devisen umzuwandeln. Gleichzeitig hilft sie bei der Beschaffung von ausländischen Zahlungsmitteln.

Immer mehr Wirtschafts- und Verwaltungsbereiche geben wertbeständiges Notgeld heraus, darunter auch die EDEKA ZENTRALE. Mehr als 2.800 verschiedene derartige Geldscheinsorten sind im Herbst 1923 im Umlauf. Der Dollarkurs erreicht eine Höchstmarke von 4,2 Billionen Mark. Jetzt kann nur noch eine neue Reichswährung helfen. Doch als die Rentenmark kurz darauf eingeführt wird, steht sie lediglich in begrenztem Umfang zur Verfügung. Wieder leistet die EDEKABANK Großes. Sie lässt alle ihr zugeteilten Rentenmarkbeträge in die Genossenschaften fließen.

Feiern bis zum Umfallen

Mit der neuen Währung im Jahr 1924 stabilisiert sich die wirtschaftliche Situation für die nächsten fünf Jahre. Gleichzeitig fließt über ausländische Anleihen durch den Dawes-Plan Geld ins Reich. Die Deutschen stürzen sich in die Vergnügungssucht der Goldenen Zwanziger. Zwei Millionen Menschen gehen täglich ins Kino. Viele Frauen tanzen in schicken Clubs und Jazz-Bars in kniekurzen und ärmellosen Kleidern hemmungslos und aufreizend Shimmy oder Charleston. Gediegenheit ist Trumpf: Hummer, Kaviar, Austern und Champagner dürfen auf den Edelpartys nicht fehlen. Zum Dessert reicht man in einigen Kreisen eine Prise der Modedroge Kokain, die damals wie heute bevorzugt von Wohlhabenden und Intellektuellen konsumiert wird. Ein neues Frauenbild erobert das Reich: die so genannten »Flapper«. Das sind Frauen mit kurz geschnittenem Bubikopf, die öffentlich rauchen, Alkohol trinken und viel Make-up tragen. Selbstbewusst erobern sie die Sportwelt, fahren Auto und brechen landläufige Konventionen. Technische Innovationen wie der Staubsauger »Vampyr«, das elektrische Bügeleisen oder der 1928 von AEG angebotene elektrische »Volksherd« erleichtern die tägliche Hausarbeit.

Unterstützung für die EDEKA-Genossen

Gestärkt durch den großen Mitgliederzuwachs – Ende 1923 sind es bereits 578 Genossenschaften – feilt EDEKA weiter an ihrem Profil. Den Kaufleuten, die durch die Inflation in Existenznot geraten sind, wird unter die Arme gegriffen. Mit Hilfe von Krediten der EDEKABANK können die stark verschuldeten EDEKAner weiterhin Waren beziehen. Das Geld darf jedoch nur für Warenkäufe bei der Genossenschaft und ausschließlich für Barzahlungen unter Abzug von Skonto ausgegeben werden. Gleichzeitig wertet die EDEKABANK die bei ihr deponierten Spargelder in voller Höhe auf. Mit Hilfe der Genossen wird 1924 das EDEKA-Haus in Berlin-Wilmersdorf gekauft. Jedes Mitglied erwirbt einen Baustein für zehn Reichsmark. Politischen Erfolg verbucht EDEKA im selben Jahr mit der Wahl von Verbandsdirektor Fritz Borrmann in den Reichstag.

Wussten Sie ...?

Sie entsteht 1926 in Frankfurt aufgrund akuter Wohnungsnot: die Einbauküche. Entworfen von der ersten Architektin Österreichs, Margarete Schütte-Lihotzky (1897-2000). Die 6,5 Quadratmeter großen rationellen und platzsparenden »Frankfurter Küchen« sind exakt nach der Durchschnittsgröße der deutschen Hausfrau berechnet, denn Männer haben damals in der Küche nichts verloren.

Total angesagt: der verruchte Modetanz Charleston.

Schick anzusehen: EDEKA-Schaufenster in den 20ern

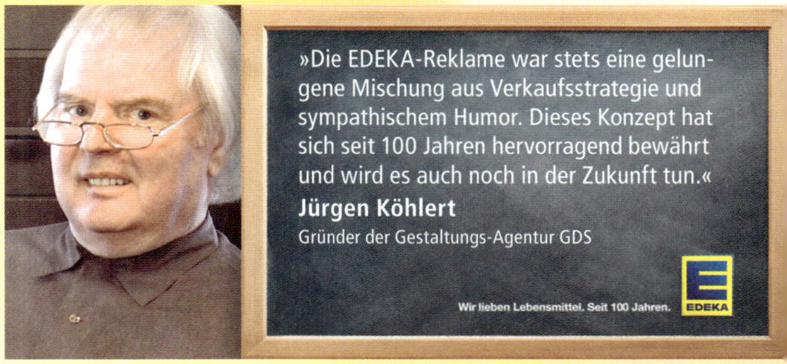

Gut geworben: früher mit hübschen Reklamemarken, heute mit Handzetteln

Legendär: Komiker Rudi Carrell wirbt für EDEKA

Beliebt: die neue EDEKA-Markenkampagne

Film ab für die … EDEKA-Reklame

Werbung gehört zum Produkt wie der elektrische Strom zur Glühbirne. Diese Weisheit des deutschen Fotografen und Medienkünstlers Charles Paul Wilp könnte auch von den Pionieren der EDEKA stammen. Bereits 1910 gründen sie eine eigene Reklameabteilung, der es an innovativen Ideen nie mangelte.

Auf dem dritten Verbandstag entscheiden sich die Mitglieder, gemeinschaftlich Werbung zu betreiben und EDEKA als Markennamen zu benutzen. Die Auflagen, die der Verband stellt, sind streng. Die Neueinführung von Artikeln unter dem EDEKA-Zeichen darf nur mit schriftlicher Genehmigung des Verbandes erfolgen. Doch die Hilfe und Unterstützung seitens der Genossenschaft ist groß. In der handelsrundschau erscheint regelmäßig eine »Reklame-Beilage«, Broschüren und kleine Bücher informieren die Mitglieder über die neuesten Werbetrends. Vorschläge werden unterbreitet: zum Beispiel für Reklame auf Straßenbahn-Billetts oder das Verschenken von gummierten Klebestreifen mit dem Aufdruck »Kauft nur in Edeka-Geschäften«. Damit kann der Kunde eingerissene Geldscheine reparieren.

Am Anfang sind es noch so einfache Mittel wie Plakate und Flugblätter, mit denen geworben wird. Später kommen Zeitschriften wie »Die kluge Hausfrau«, der Abreißkalender, Lebensmittel-Ausstellungen, Werbewochen (wie für Kaffee oder Äpfel) und Handzettel hinzu.

1925 dreht EDEKA ihren ersten achtminütigen Werbefilm. Jeder EDEKA-Laden wird verpflichtet, ein EDEKA-Schild an der Tür zu haben. Der Kaufmann soll seine Ware in Papiertüten und Faltschachteln verpacken, die alle den EDEKA-Aufdruck tragen. Auch auf die Schaufenstergestaltung wird großer Wert gelegt. 1930 werden der Name EDEKA und das Markenzeichen mit der Schleife ins internationale Warenzeichenregister in Bern eingetragen. Mit dem Einzug des Fernsehens in die deutschen Haushalte Ende der 50er Jahre setzt EDEKA verstärkt auf kurze TV-Spots. Hauptdarsteller sind prominente Fernsehgrößen wie die Quizmaster Peter Frankenfeld und Hans-Joachim Kulenkampff. Aber auch der legendäre Komiker Rudi Carrell und Kinder-Liebling Michael Schanze werben für die Gruppe.

Besonders großen Erfolg verbucht die aktuelle Werbekampagne der Gruppe: »Wir lieben Lebensmittel«. Die TV-Spots und Anzeigenmotive gewinnen seit 2005 zahlreiche Auszeichnungen und kurbeln den Umsatz an. Ziel erreicht: EDEKA ist in aller Munde.

Witzig: der aktuelle TV-Spot der EDEKA

Werbung von 1926 für die kostenlose Kundenzeitschrift »Die kluge Hausfrau«

Auf dem Bremer Verbandstag wird eine einheitliche Verwendung des Firmennamens EDEKA, die Anbringung des EDEKA-Schildes an jedem EDEKA-Geschäft und der Verkauf von Eigenmarken durch jede Genossenschaft gefordert. Die Intensivierung des gemeinsamen Einkaufs steigert den Umsatz der EDEKA ZENTRALE allein 1924 um 200 Prozent. Immer mehr Lieferanten erkennen die örtlichen Genossenschaften als Großhändler an und räumen ihnen die vollen Großhandelskonditionen ein. Das Sortiment wird erheblich erweitert. Als neuestes Produkt kommt Wein ins Regal. Der Vertrieb von Eigenmarken-Artikeln (wie Kaffee, Vanillezucker, Tafelsalz, aber auch Kerzen und Kernseife) wird gestärkt. 1925 sind es schon 25 Artikel. Gleichzeitig beginnt EDEKA mit der eigenen Produktion von Lebensmitteln durch die Übernahme der »Ostdeutschen Eiernudel- und Makkaroni-Fabrik GmbH, Breslau«. Rund die Hälfte des Gesamtumsatzes der EDEKA ZENTRALE wird 1924 im Eigengeschäft erzielt.

Gute Zahlen durch Reklame

Der Durchschnittsumsatz je Genossenschaft liegt bei 471.128 Reichsmark. Spitzenreiter ist der Kolonialwaren-Handels-Verein für Kaufleute (Ka-Ha-Vau) in Chemnitz, der einen Umsatz von über einer Million Reichsmark erzielt. Diese Erfolge sind unter anderem auf die starke Werbung zurückzuführen – von Beginn an ein Schwerpunkt der EDEKA. Die 1910 gegründete und vom Verband betreute »Reklamestelle« wird in eine »Reklame- und Verkaufsabteilung« umgewandelt. Diese entwirft Zeitungsanzeigen und Matern, gibt Plakate, Prospekte und Flugblätter heraus oder veranstaltet Schaufensterwettbewerbe. Die ersten EDEKA-Werbefilme, wie »Unser Feld ist die Welt« von 1928, werden gedreht. Auch bei der Schaufenstergestaltung gibt es Unterstützung. Im Jahr 1925 kommen die Kundenzeitschrift »Die kluge Hausfrau« und das Informationsblatt »Edeka-Einkäufer« heraus. Kurz darauf erscheint der erste »Edeka-Wochenkalender«. Mit einem beträchtlichen Anteil an EDEKA-Werbemitteln findet die erste »REICHS-EDEKA-WOCHE« im September 1926 statt.

Hilfreiche Kontakte

Im selben Jahr führt EDEKA die Zentralbuchhaltung und die Barzahlung ein. Letzteres gefällt besonders vielen Industriefirmen, die nun unmittelbar nach der Lieferung ihr Geld erhalten. Auf dem Verbandstag in München beschließen die Delegierten, dass alle EDEKA-Kaufleute zugleich Mitglied im »Reichsverband Deutscher Kaufleute des Kolonialwaren-, Feinkost- und Lebensmittel-Einzelhandels« (Rekofei) werden müssen. Dieser Verband konzentriert sich auf stärkere Öffentlichkeitsarbeit, eine bessere Vertretung des Berufsstandes in den Parlamenten, die Heranbildung qualifizierten Nachwuchses, die Existenzsicherung durch Gründung von Einkaufsgenossenschaften und eine ausreichende Altersvorsorge.

1929 gründen EDEKA und Rekofei eine Versorgungskasse für Einzelhändler, deren Versicherungsträger die Vereinigte Lebensversicherungsanstalten AG für Handwerk und Gewerbe (Velahg, heute Signal Iduna AG) ist. Im Rahmen der Reklametätigkeiten entstehen 1927 die so genannten EDEKA-Ladengemeinschaften. Ihr Ziel: die »gemeinschaftliche Reklame, die einheitlich und zu gleichen Zeiten erfolgt und sich auf die gleichen Waren zu gleichen Preisen erstreckt«. Das Konzept geht auf. Viele dieser Geschäfte machen einen Mehrumsatz von zwölf Prozent. Auch auf internationalem Parkett formieren sich die Genossenschaften. Im August 1927 gründen Vertreter von sechs europäischen Ländern die »Internationale Vereinigung von Organisationen der Lebensmittel-Detaillisten« mit Sitz in Bern.

Vorbildlich: die EDEKA-Ladengemeinschaft in Berlin

Politisch: Fritz Borrmann wird in den Reichstag gewählt

Zeitlos

Diese noch heute beliebten Marken entstehen:

1924 Rama
1927 P.E.Z.
1927 Langnese Honig
1929 Tempo Taschentücher
1931 Maoam
1931 Afri Cola
1932 Ritter Sport Schokolade

Der schwarze Freitag

Am Freitag, dem 25. Oktober 1929, ist die Party vorbei. Der durch Spekulationsgeschäfte angeheizte Aktienmarkt an der New Yorker Börse bricht überraschend ein. Monatelang sind die Aktienkurse in bisher unbekanntem Ausmaß gestiegen. Um vom Boom zu profitieren, haben viele Bürger kurzfristig Kredite aufgenommen.

Wahlplakat für Hitler und Hindenburg von 1933

Als die Kurse dann plötzlich fallen, können sie die Kredite nicht mehr bedienen. Die Panikverkäufe reißen nicht ab. Das Ergebnis ist ein mehrtägiger Kurssturz von bis zu 90 Prozent. Die Welt stürzt in eine Wirtschaftskrise. Massenweise gehen Firmen Pleite, Millionen Menschen verlieren die Ersparnisse ihres Lebens. Massenarbeitslosigkeit und große Armut sind die Folge. 1932 stehen rund 5,6 Millionen Deutsche ohne Arbeit auf der Straße. Auch viele EDEKAner, die sich gerade erst von der letzten Inflation erholt haben, geraten ins Schleudern. Die Zentrale nimmt kränkelnde Genossenschaften vorübergehend in ihre Verwaltung. Ausgewählte, qualifizierte Geschäftsführer übernehmen den Betrieb. In Kursen bereiten sie Bewerber auf die neuen Aufgaben vor. Die Geschäftspraxis lernen diese dann im Anschluss in erfolgreich geführten Genossenschaften kennen. Wenn die Einzelhandelskaufleute als Mitglieder der Meinung sind, dass die kränkelnde Genossenschaft wieder gesund ist, wird sie aus der Betreuung der Zentrale entlassen.

Machtlose Politiker

Weniger erfolgreich sind die deutschen Politiker. Sie wirken gegen die Massenarbeitslosigkeit machtlos. Die Bürger sind frustriert von der politischen Achterbahnfahrt der letzten Jahre. 21 Reichsregierungen mit einer durchschnittlichen Lebensdauer von acht Monaten versuchen ihr Glück zwischen 1919 und 1933. Wie viele Firmen muss auch die EDEKA ZENTRALE Anfang der 30er Jahre mit einem Umsatzrückgang kämpfen. Dieser wird allerdings durch die Importstelle in Hamburg kräftig abgemildert. Dennoch: »Am ersten Januar 1932 wurden Gehälter und Löhne, vom jüngsten Lehrling bis zum ersten Direktor, um zehn Prozent gesenkt«, schreibt die handelsrundschau. An anderer Stelle steht, »das Gespenst der Arbeitslosigkeit (hat) seine schwarzen Schatten über die Gesichter von Tausenden und Abertausenden geworfen«. Angst und Hoffnungslosigkeit beherrschen die Deutschen. Der Weg für Adolf Hitler ist geebnet.

Kurz & Gut

Das neue, einheitlich verwendete EDEKA-Logo von 1922

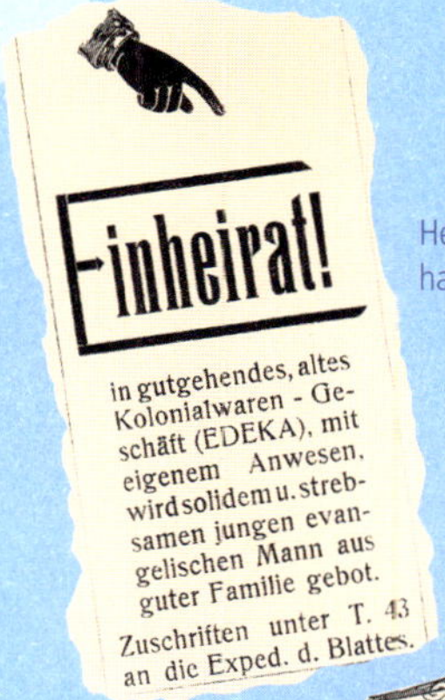

Einheirat!

in gutgehendes, altes Kolonialwaren - Geschäft (EDEKA), mit eigenem Anwesen, wird solidem u. strebsamen jungen evangelischen Mann aus guter Familie gebot. Zuschriften unter T. 43 an die Exped. d. Blattes.

Heiratsannonce in einer handelsrundschau von 1919

»Der Waschtag wird zur wahren Wonne durch EDEKA-Kernseife mit der Sonne«
EDEKA-Seifensortiment von 1928

Das Anzeigen-Fahrrad macht 1926 Reklame für EDEKA

Zur REICHS-EDEKA-WOCHE 1927 wird die Köchin zur Königin

Die neuen Einheitstüten gibt es 1927 in allen Farben

Der beste Vorsatz fürs Neue Jahr

1933 bis 1945

Aus Überzeugung und Liebe zum Beruf
seit 50 Jahren Edeka Kaufmann.

Winfried Maul, geboren am 28.03.1936

1933 bis 1945

Aus Überzeugung und Liebe zum Beruf
seit 50 Jahren stolzer Kaufmann.

Winfried Maul, geboren am 28.03.1936

Deutschland marschiert in den Untergang

Inszenierte Macht: Diktator Adolf Hitler bei einer Kundgebung 1933

Im Gleichschritt in die Hölle

Die Deutschen hoffen auf ein besseres Leben und marschieren mit dem Führer ins Verderben. EDEKA wird gleichgeschaltet. Die Welt stürzt in den totalen Krieg. Das Grauen bekommt ein Gesicht: Auschwitz, Dresden, Hiroshima ...

EDEKA-Meilensteine

1934 Gründung der ersten Auslandsniederlassung der EDEKA-Importstelle in Triest/Italien

1937 Dr. Paul König wird neuer Verbandsdirektor

1938 Verbot der Verlagstätigkeit

1942 EDEKA führt »Gesundkost«-Artikel ein

1943 Das Berliner EDEKA-Haus wird durch Bomben zerstört

Das erste Volksauto: der KdF Wagen

Das deutsche Volk hungert am Neujahrsmorgen des Jahres 1933 nach wirtschaftlicher und politischer Stabilität, Anerkennung und Wohlstand. Der Ausnahmezustand beherrscht noch immer den Alltag. In der handelsrundschau vom 13. Januar 1933 steht im Gefechtsjargon: »Clausewitz, der Stratege des Krieges, kann wahrlich auch der Lehrmeister der Wirtschaft sein, denn auch die Truppen der Wirtschaft müssen noch im Jahre 1933 Krieg führen gegen die Arbeitslosigkeit, gegen die Not und gegen all das Elend, das Deutschland in Geschwadern überzieht.«

Durch die hohe Arbeitslosigkeit sinken die Einkommen. Das drückt die Kaufkraft. Die Deutschen haben wenig oder gar kein Geld. Die EDEKAner verzeichnen, wie viele Händler, rückläufige Umsätze. Ihre Hoffnungen setzen sie auf den Führer. Denn in seinem Wahlprogramm verspricht er die »Errettung des selbstständigen Mittelstandes«. Als Adolf Hitler am Mittag des 30. Januar 1933 als Mitglied der NSDAP zum Reichskanzler ernannt wird, ist der Jubel bei ihnen groß. Die meisten Deutschen sind überzeugt davon, dass nun ihr Leid ein Ende hat. Und der Führer scheint die Hoffnungen zu erfüllen. Die Arbeitslosenrate von sechs Millionen sinkt drastisch dank der Arbeitsbeschaffungsmaßnahmen (wie dem Autobahnbau). Auch ein umfangreiches Rüstungsprogramm, die Einführung der Wehrpflicht und des Reichsarbeitsdienstes (RAD) im Jahre 1935 produzieren Beschäftigung. Bereits ein Jahr später gibt es nur noch 1,5 Millionen Arbeitslose in Deutschland.

Eintopf am Sonntag

Hitler vermittelt durch Initiativen wie das Spenden sammelnde »Winterhilfswerk« (WHW) und die »NS-Volkswohlfahrt« (NSV) das Bild eines für das Wohlergehen der Bevölkerung sorgenden Führers. So genannte Eintopfsonntage finden statt. Sie beruhen auf dem Prinzip »Gemeinnutz geht vor Eigennutz«: Jeden ersten Sonntag der Monate Oktober bis März ist die Bevölkerung auf An-

ordnung der Reichsregierung verpflichtet, nur simple Eintopfgerichte zu verzehren. Der Preis darf eine halbe Reichsmark pro Person nicht überschreiten, der Differenzbetrag zum höheren Preis einer gewohnten Sonntagsmahlzeit muss dem WHW gespendet werden. Allein im Winter 1935/36 kommen über 31 Millionen Reichsmark zusammen. Gemeinschaftsessen auf öffentlichen Plätzen werden organisiert. Oft sitzt Hitler mit am Tisch. Die Geste suggeriert: kein Klassenunterschied zwischen Volk und Führer.

Staatliche Organisationen wie »Kraft durch Freude« (KdF) versuchen diesen Tenor ebenfalls aufzugreifen. Plötzlich werden Reisen auch für Arbeiter erschwinglich. Der Lebensstandard steigt. Nur wenige kümmert es da, dass ihre bürgerlichen Grundrechte massiv durch das Ermächtigungsgesetz vom 23. März 1933 beschnitten werden. In der Folge darf die Regierung Personen auch ohne richterlichen Befehl verhaften, Zeitungen kommen unter NS-Kontrolle und Versammlungen können ohne triftigen Grund aufgelöst werden. Alle staatlichen und gesellschaftlichen Institutionen müssen sich den politisch-ideologischen Zielen der Nazis anpassen.

Gleichschaltung der Wirtschaft

Die »Deutsche Arbeitsfront« (DAF), in der auch der »Kampfbund des gewerblichen Mittelstandes in der NSDAP« aufgeht, hat die Aufgabe, die gesamte Wirtschaft im Sinne der Regierung gleichzuschalten. Das bedeutet: Gewerkschaften werden aufgelöst und ihre Funktion der DAF übertragen, jegliche wirtschaftliche Eigenständigkeit wird von den Nazis untergraben. EDEKA hat die Wahl: Sie kann sich entweder bedingungslos in das Wirtschaftssystem des Dritten Reichs einfügen oder komplett ausgeschaltet werden. Die Genossen entscheiden sich für Ersteres. Auf dem 26. Verbandstag der EDEKA im Juni 1933 steht unter anderem die Beschlussfassung über die Gleichschaltung des Verbandes auf dem Programm.

Krampfhaft versucht man dies zu rechtfertigen, indem man eine Verbindung zwischen der Genossenschaftsidee und dem NS-Staat aufbaut. Beruhen doch beide scheinbar auf gleichen Prinzipien, wie Gemeinnutz oder Selbsthilfe. EDEKA versucht sich den neuen Machtverhältnissen anzupassen. Direktor Fritz Borrmann tritt der NSDAP bei. In der handelsrundschau liest man, dass der EDEKA Verband »nicht nur als Vorläufer, sondern als ein aktiver Mitarbeiter der nationalen Revolution zu bezeichnen« sei.

EDEKAner im Widerstand

Das gilt jedoch nicht für jeden EDEKAner. Einige, wie zum Beispiel Franz Graf, sind erbitterte Gegner des Führers. Trotz Verfolgung und Bedrohung seines Lebens kämpft der damalige Aufsichtsratsvorsitzende der EDEKA Bamberg gegen die Nazis. Schon früh warnt er vor ihnen. Sagt, wenn die an die Macht kämen, sei das der Anfang vom Ende. Heimlich schmiedet er im eigenen Haus mit Verbündeten Pläne für Sabotageakte. 1943 schließen die Nazis sein EDEKA-Geschäft. Grafs Bruder, auch im Widerstand, kommt ins KZ Mauthausen und wird dort ermordet.

Die EDEKA ZENTRALE hingegen fordert 1933 die deutschen Kaufleute über die handelsrundschau auf, »Neueinstellungen von Angestellten vornehmlichst aus den Reihen der SA und SS« vorzunehmen. Beim EDEKA-Verbandstag in Leipzig schwört man feierlich ein Treuegelöbnis auf den Führer. 1936 verlangt Borrmann: »Benutzt den Ladentisch als Kanzel für die Aufklärungsarbeit und helft dem Führer, das Vaterland vom Auslande unabhängig zu machen«. Drei Wochen vor Ausbruch des Krieges wird unter der Überschrift »Deutschlands Kolonien bleiben deutsches Eigentum« die Rückgabe der »wider alles Völkerrecht geraubten Kolonien« gefordert.

Propagandaplakat für einen »Eintopfsonntag« 1936

»Arbeitsmaiden« wie diese arbeiten beim WHW

EDEKA unterstützt tatkräftig die deutsche Wirtschaft

Die Propaganda impft die Deutschen flächendeckend ...

... und hat damit Erfolg. Die Massen bejubeln »ihren Führer«

EDEKA wird eingegliedert

Die deutsche Wirtschaft wird von Beginn des Dritten Reiches an streng strukturiert und in Einzelbereiche aufgeteilt. Dem neu gegründeten »Reichsnährstand« werden Land-, Vieh-, Brau-, Fisch-, Holzwirtschaft und vieles mehr als Erzeuger sowie der Lebensmitteleinzelhandel als Verteiler angeschlossen.

Die EDEKA-Genossenschaften lassen sich nur schwer ins Organisationsschema des Reichsnährstandes eingliedern. Entsprechend der von ihnen vertriebenen Produktgruppen müssen sie rund zehn »Hauptvereinigungen« und wirtschaftlichen Verbänden angehören. Als gewerblicher Betrieb gehören sie andererseits zur Organisation der gewerblichen Wirtschaft und unterliegen den Weisungen des Wirtschaftsministeriums. Neben der Eingliederung in den Reichsnährstand diktiert der Staat auch bindende Preise, steuert den Fluss der Güter und nimmt selbst auf die Gestaltung der Lieferantenbedingungen Einfluss. Zwischen dem festgesetzten Erzeugermindestpreis und dem Verbraucherfestpreis klaffen oft »Verlustschluchten«, die die Kaufleute überbrücken müssen. 1936 kommt es zur Ernennung eines Reichskommissars für die Preisbildung. Dieser stützt sich auf einen umfangreichen Apparat von Preisbildungs- und Preisüberwachungsstellen.

Im Oktober wird ein Preisstopp für Güter und Leistungen jeder Art verfügt. Preistreibereien gelten als »Sabotage an den Aufbaumaßnahmen des Dritten Reichs«. Wer die Preisvorschriften nicht beachtet, dem drohen harte Strafen. Anfangs setzen Kaufleute die Schließung ihres Geschäfts aufs Spiel, in späteren Jahren ihr Leben.

Zeitlos

Diese noch heute beliebten Marken entstehen, aber viele davon können die Deutschen erst Jahre später kaufen:

1936 Messmer Teebeutel
1937 Smarties
1938 Nescafé
1940 Fanta
1940 Ricola Kräuterzucker
1944 Chiquita Banana
1945 Grafschafter Goldsaft

Kurz & Gut

Laufreklame für EDEKA-Artikel um 1934

Reklame-Signet zum Verkauf von EDEKA-Konserven

Wichtiger Bestandteil der Nazi-Ideologie ist »die deutsche Mutter«

Die ersten Tiefkühlmöbel kommen Anfang der 30er Jahre auf den Markt

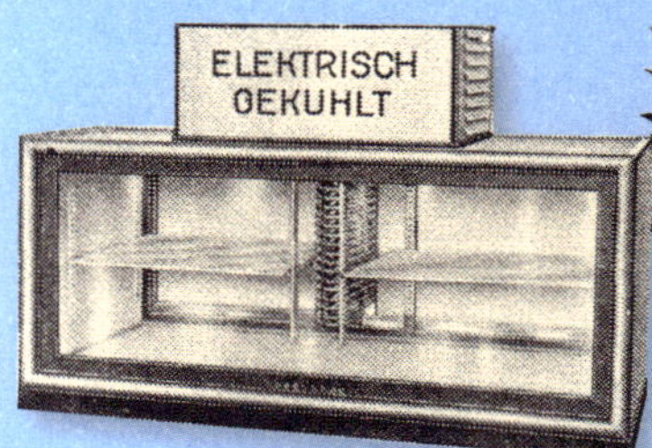

Zu Ostern 1939 ist noch alles eitel Sonnenschein

Rollendes Sprachrohr: EDEKA muss sich dem Reichsnährstand anschließen

Edeka
Deutsche Handels-Rundschau

Tag der deutschen Ehre
zum 12. November 1933

Die handelsrundschau wird zum Propagandablatt

Zum Wohl der deutschen Wirtschaft: Herings-Anzeige

Der Hunger lebt weiter

Die jährlich von den Nazis ausgerufenen »Erzeugungsschlachten« sollen die im Reichsnährstand zusammengefasste bäuerliche Bevölkerung zu Höchstleistungen animieren. Doch die Landflucht der Jugend macht dem einen Strich durch die Rechnung. Immer wieder kommt es zu Versorgungsengpässen. Besonders bei Fleisch, Ölen und Fetten ist man vom Ausland abhängig.

Im Januar 1936 erklärt Propagandaminister Joseph Goebbels die Butterknappheit im Deutschen Reich für belanglos, weil »man zur Not auch einmal ohne Butter, nie aber ohne Kanonen auskommen« könne. Die Wut des Verbrauchers bekommen die EDEKA-Händler zu spüren. Die Deutschen werden in zahlreichen Anzeigen aufgefordert, zum einheimischen Fisch statt Fleisch zu greifen. Zwischen 1932 und 1938 steigt der Fisch-Verbrauch pro Kopf im Reich von 8,5 auf 12 Kilo.

Buongiorno EDEKA

Ende 1933 wird der Importstelle Hamburg der EDEKA ZENTRALE das Recht streitig gemacht, ihre seit 1919 betriebene Importtätigkeit fortzusetzen. Grund: Als Importeure werden nur noch Firmen anerkannt, die über eigene Korrespondenten oder Auslandsniederlassungen verfügen. Ende März 1934 gründet EDEKA deshalb im italienischen Triest ihre erste Auslandsniederlassung (EDEKA Import und Export GmbH). Der Ein-Mann-Betrieb ist so erfolgreich, dass im Frühjahr 1936 Zweigniederlassungen in Piräus in Griechenland und Istanbul in der Türkei folgen. Auf Wunsch des Staates befasst sich EDEKA zwischen 1937 und 1945 mit dem Export von Verpackungsmaterial und Schiffsblechen nach Italien. Auch Geschäftsverbindungen zu genossenschaftlichen Einkaufsgesellschaften in der Schweiz, Österreich, Finnland und Schweden laufen von Triest aus.

Cremig

Der Sommer ist heiß im Jahre 1935. Doch der Hamburger Unternehmer Karl Rolf Seyferth hat für zehn Pfennig die richtige Abkühlung parat: das Eis am Stiel. Importiert aus Dänemark und vermarktet unter dem Namen seiner Firma Langnese. Ein absoluter Verkaufsrenner. Allein in der ersten Saison gehen 1,5 Millionen über den Ladentisch. 1936 verweigern die Nazis dem erfolgreichen Geschäftsmann die für die Produktion notwendige Milch und Sahne. Seyferth stellt Kontakt zur »Margarine-Verkaufs-Union«, der späteren Unilever, her. Kurz darauf übernimmt der Konzern das Geschäft und lässt das Unternehmen in Berlin als »Langnese-Eiskrem GmbH« ins Handelsregister eintragen. Heute produziert Langnese über 50 verschiedene Eissorten, darunter solche Bestseller wie Magnum, Cornetto, Mini Milk und Domino.

Köstlich: EDEKA importiert sogenannte Levantewaren

Die EDEKA wächst

Ab 1934 steigen die EDEKA-Umsätze kontinuierlich. Immer mehr Einzelhändler und Genossenschaften schließen sich dem Verband an – auch aus dem 1935 in das Deutsche Reich eingegliederten Saarland, dem 1938 annektierten Österreich (jetzt »Ostmark« genannt) und den einverleibten Gebieten Sudetenland, Böhmen, Mähren und Memelland. Zu Beginn des Zweiten Weltkriegs zählt EDEKA 525 Genossenschaften, die rund 45.000 Geschäfte betreuen. Um für Krisenzeiten gewappnet zu sein, füllt der Verband die gesetzlichen Reservefonds bis zur satzungsgemäßen Höhe auf. Zur zusätzlichen Absicherung will man sogar einen zweiten Reservefonds bilden. Inventar und Immobilien sollen auf die Werte abgeschrieben werden, die sie auch in Krisenzeiten bei Veräußerungen noch erbringen würden. Um Verluste am Warenlager und Debitorenausfälle zu verhindern, werden über die gesetzlichen Maßnahmen hinaus genügend Rückstellungen gebildet. Zusätzlich werden die finanziell aufwändigeren Pferdefuhrwerke durch Lastkraftwagen ersetzt. Denn oft sind die Pferdestallungen der Genossenschaften größer als die Lager.

Der Feind heißt privater Großhandel

Held der EDEKA: Mister Duecker hilft den Deutschen

Zwischen 1934 und 1936 nimmt der private Großhandel den Kampf gegen EDEKA auf. Die Vertreter des Großhandels behaupten, Genossenschaften seien nur »Warenvermittler für Markenartikel« und keine branchenübliche Funktionen erfüllenden Großhandelsbetriebe. Sie fordern von den Politikern die Änderung des Genossenschaftsgesetzes und die Auflösung dieser Art von Vereinigungen. Die Bemühungen bleiben jedoch erfolglos. Im August 1934 greift das Reichswirtschaftsministerium ein. In einem Schreiben an den Deutschen Genossenschaftsverband weisen die Politiker darauf hin, dass die Reichsregierung es wünscht, dass die Einkaufsgenossenschaften bei der Festsetzung von Preisbedingungen ebenso behandelt werden wie die Großhandelsunternehmen. Die Genossenschaft muss aller-

Unser Mann in New York

Zum Ausbruch des Krieges gründet EDEKA einen Liebesgabendienst. Dieser nimmt Aufträge aus der ganzen Welt entgegen von Personen, die ihren Verwandten und Freunden in Deutschland etwas Gutes zukommen lassen wollen. Im Laufe des Krieges muss die Arbeit eingestellt werden und wird erst danach wieder aufgenommen.

Ein gewisser Mr. Duecker leitet das Büro der Edeka Incorporated in der 248 East 84th Street in New York. Mit Zeitungsanzeigen, Prospekten und Rundfunkbeiträgen wirbt er für den Liebesgabendienst. Überall auf der Welt sitzen Vertreter der EDEKA und leiten die Wünsche der Auftraggeber weiter nach New York. »Ein weltumspannendes Netz der Liebe«, wie es in der handelsrundschau heißt.

Per Luftpost gehen die Aufträge nach Hamburg. Dort wird die Ware im Lager zusammengestellt, verpackt und verschickt. Drei bis vier Wochen nach Auftragsvergabe hält der Empfänger in Deutschland sein Paket in den Händen.

Liebesgaben bekommen aber auch die EDEKAner an der Front. Regelmäßig schicken die Genossenschaften ihren Mitgliedern Post. Die Päckchen sind gefüllt mit Süßigkeiten, Tabak und der handelsrundschau. So werden sie auf dem Laufenden gehalten, was daheim und im Geschäft passiert. Eine schlesische Genossenschaft schickt sogar Weihnachtspakete an ihre Mitglieder, die in den Schützengräben ums Überleben kämpfen. Und auch zum Geburtstag werden Sonderpäckchen verschickt. EDEKA versucht so, die Moral der Truppen zu stärken. Der Aufwand ist gewaltig: »Millionen von Feldpostpäckchen sind in der vorweihnachtlichen Zeit hinausgegangen an die Fronten, Zeichen der Liebe und der inneren Verbundenheit zwischen Heimat und Front.«

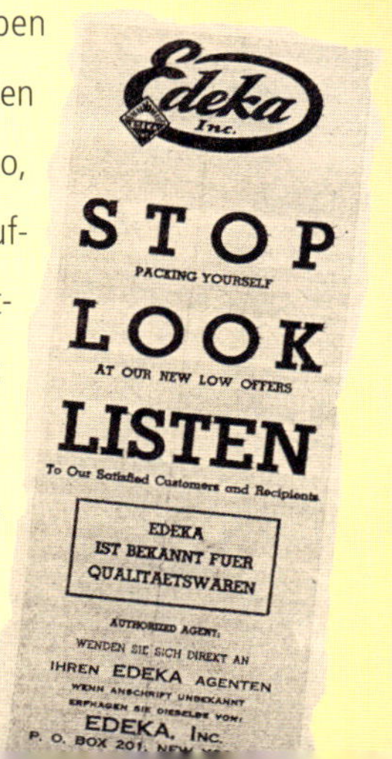

Edeka Inc.

STOP
PACKING YOURSELF
LOOK
AT OUR NEW LOW OFFERS
LISTEN
To Our Satisfied Customers and Recipients

EDEKA IST BEKANNT FUER QUALITAETSWAREN

AUTHORIZED AGENT:
WENDEN SIE SICH DIREKT AN IHREN EDEKA AGENTEN
WENN ANSCHRIFT UNBEKANNT ERFRAGEN SIE DIESELBE VON:
EDEKA, INC.
P. O. BOX 201, NEW

Der staatliche Terror gegen Juden beginnt 1933

In der Reichspogromnacht am 9. November werden viele jüdische Läden zerstört

dings die üblichen Großhandelsfunktionen erfüllen. Die Nachwuchsorganisation der EDEKA, Spara genannt, soll nach dem Willen einiger DAF-Funktionäre liquidiert und der »Deutschen Arbeitsfront« eingegliedert werden. Doch die Jungkaufleute wehren sich vehement und können sich am Ende durchsetzen.

»Kauft nicht bei Juden«

Der staatliche Terror gegen die 1933 rund 525.000 deutschen Juden beginnt drei Monate nach der Machtübernahme. Zunächst mit einem Geschäftsboykott. »Deutsche kauft nicht bei Juden«, lautet die Parole von Propagandaminister Joseph Goebbels. In der handelsrundschau erscheinen kleine Annoncen von Firmen, die ihre arische Herkunft beteuern. So hofft der Kölner Putzmittelhersteller Stegel & Co im Mai 1933 auf eine »Zerstreuung falscher Gerüchte«, und versichert, dass es sich um ein »rein deutsches Unternehmen handelt, gänzlich frei von jüdischen Angestellten und jüdischem oder ausländischem Kapital«. Die handelsrundschau biedert sich der politischen Nomenklatura an und versucht die Vorgänge gegenüber den verunsicherten ausländischen Kollegen zu verharmlosen. Unter der Überschrift »Edeka Verband gegen Greuelpropaganda« liest man: »Edeka Verband Berlin bittet in Presse und Kollegenkreisen bekannt zu geben, dass alle Nachrichten über Gewalttaten, insbesondere gegen jüdische Mitbürger, falsch sind.« Diese Mitteilung wird auch an den Präsidenten der Internationalen Vereinigung des Lebensmitteleinzelhandels in die Schweiz geschickt. Von dort geht sie an 26 angeschlossene Organisationen in Europa. Ein Vorstandsmitglied der Hauptgemeinschaft des Deutschen Einzelhandels erklärt, »dass die jüdischen Geschäftsinhaber wohl in den Verbänden bleiben sollen, aber nicht in den Vorständen und Ausschüssen«. Die Juden erleiden immer mehr Restriktionen, verstärkt nach Einführung der Nürnberger Rassengesetze 1935, die sie zu Menschen minderen Rechts deklarieren. Eheschließungen zwischen Juden und »Ariern« werden unter Strafe gestellt.

Von klein auf: Selbst den Kindern wird der Antisemitismus in Bilderbüchern beigebracht

Die Vernichtung der europäischen Juden

Im Juni 1938 verkündet die handelsrundschau, die »dritte Verordnung zum Reichsbürgergesetz hat den entscheidenden Auftakt zur Lösung der Judenfrage in der Wirtschaft und besonders im Handel gegeben. In Kürze werden alle jüdischen Handelsbetriebe ein besonderes Kennzeichen führen müssen«. In der Nacht vom 9. November 1938 eskaliert die Gewalt gegen Juden. Tausende aufgehetzter Deutscher rennen durch die Straßen, zerschmettern Fensterscheiben und plündern jüdische Geschäfte. In der Reichspogromnacht kommen fast 100 Juden um, rund 30.000 jüdische Männer werden in KZs verschleppt. Drei Tage später erfolgt dann offiziell die »Verordnung zur Ausschaltung der Juden aus dem Wirtschaftsleben«. Sie dürfen weder Einzel-

Rassenwahn: Propagandakalender für 1938

Martialisches Plakat zu den Olympischen Spielen in Berlin

handelsgeschäfte noch Handwerksbetriebe führen. Kapitalvermögen von Deutschen jüdischen Glaubens werden eingezogen, Grundeigentum, Wertpapiere und Schmuck zwangsveräußert. »Die letzten Judengesetze machten es notwendig, mit größter Beschleunigung die Übernahme von Einzelhandelsgeschäften aus jüdischen Händen zu regeln«, schreibt die handelsrundschau. EDEKA erwirbt im Frühjahr 1939 »im Zuge der Entjudung der deutschen Wirtschaft mit Genehmigung der hierfür zuständigen Regierungsstellen drei jüdische Großkellereien in Bingen und Landau (Pfalz)«.

Mit den Olympischen Spielen 1936 in Garmisch-Partenkirchen (Winterspiele) und in Berlin (Sommerspiele) will Adolf Hitler der Welt ein friedfertiges, sauber herausgeputztes Deutschland präsentieren. Die Wirtschaftsgruppe Einzelhandel bildet einen Ausschuss, der EDEKAner und andere Einzelhändler auf die Spiele vorbereiten soll. Verkaufslehrgänge und Fremdsprachenkurse werden besucht. Im August 1937 erklärt dann Fritz Borrmann altersbedingt seinen Rücktritt. Sein Stellvertreter Dr. Paul König übernimmt das Zepter.

Kriegswirtschaft in Zeiten des Friedens

Doch die Zeiten werden rauer. Die Nationalsozialisten bereiten den Krieg vor. Die wichtigste Lehre aus dem Ersten Weltkrieg – nie wieder Improvisationswirtschaft – wird umgesetzt. Deutschland soll »ohne allzu große Erschütterungen der Wirtschaftskörper auch im Kriegsfalle voll arbeitsfähig« sein. Bereits 1937 wird die Rationierung von Lebensmitteln, Treibstoff, Kohle und anderen Versorgungsgütern im Reichsverteidigungsrat bis ins Kleinste vorbereitet. Die Natur spielt den Machthabern in die Hand: Durch gute Ernten sind die Vorratslager reich gefüllt. Die Nazis ziehen ihr Netz der totalen Kontrolle enger. Private Wirtschaftsorganisationen dürfen ab 1939 keine Verlage mehr betreiben. Langjährige Mitarbeiter können die Pressearbeit der handelsrundschau jedoch in Eigenregie bis Ende 1942 aufrechterhalten. Die Regierung stellt die freie Wettbewerbswirtschaft auf eine planmäßige Verteilungswirtschaft mit Bezugsscheinen um. Lebensmittelkarten werden eingeführt. Auch EDEKA muss dieses System übernehmen.

Über den Volksempfänger werden Propaganda-Reden übertragen

Der Anfang vom Ende

Noch nie habe das deutsche Volk so wunderbare Ostern gefeiert wie im Jahr 1939, liest der EDEKAner in der handelsrundschau. Schließlich wüssten »wir die befreiten Brüder nicht nur der Ostmark, sondern auch des Sudetenlandes und des Memellandes in der Kraft und Liebe unseres Führers geborgen«. Nur wenige Monate später entfesselt

Notgroschen der Genossen

Was ist eigentlich ein Reservefonds? Es ist so etwas wie ein »Notgroschen«. Da eine Genossenschaft prinzipiell kein Eigenkapital bilden darf, besteht ihr »Vermögen« aus den Mitgliederguthaben und -anteilen, den Eintrittsgeldern und dem Reservefonds. Seine Höhe richtet sich nach der Größe der Genossenschaft – sprich der Mitgliederzahl und der Höhe der Einlagen. Den tatsächlichen Umfang bestimmt die jeweilige Satzung. Vorstand und Aufsichtsrat entscheiden, wann und in welcher Höhe auf den Reservefonds zurückgegriffen werden darf. Er ist jedoch nur für außerordentliche Notfälle gedacht, zum Beispiel wenn die Genossenschaft großen Belastungen, wie hohen Warenverlusten, ausgesetzt ist. Die Rücklagen müssen, wenn Gelder entnommen wurden, umgehend wieder aufgefüllt werden. Erst dann darf erneut zugegriffen werden. Die Revision kontrolliert den Vorgang.

Entschädigungsfonds

Sie sollten die Arbeiter, die als Soldaten an der Front waren, ersetzen: Rund zehn Millionen Kriegsgefangene und Zivilisten wurden während der Nazi-Herrschaft unter oft grauenhaften Bedingungen zur Zwangsarbeit missbraucht. In Fabriken und auf Feldern in Deutschland und den besetzten Gebieten. Die von den Nazis verharmlosend als »Fremdarbeiter« bezeichneten Gefangenen sorgten dafür, dass die (Kriegs-)Wirtschaft weiterlief. Die meisten wurden für ihre Arbeit nie entlohnt. Auch öffentliche Einrichtungen, die Kirchen und selbst Privatpersonen forderten Zwangsarbeiter an. Viele bezahlten mit ihrem Leben für die harte Arbeit. Mit der Bundesstiftung »Erinnerung, Verantwortung und Zukunft« wollen deutsche Unternehmen und die Regierung ein Zeichen ihrer historischen und moralischen Verantwortung für diese Geschehnisse setzen. Insgesamt wurden zur Entschädigung und »Wiedergutmachung« rund 5,1 Milliarden Euro in den Fonds eingezahlt. EDEKA zahlte rund 3 Millionen Mark (1,5 Millionen Euro) ein. Am 15. Juni 2001 wurde mit der Auszahlung der Gelder an ehemalige Zwangsarbeiter begonnen. Anfang 2007 sind die letzten Auszahlungen erfolgt.

Die Wehrmacht marschiert in Polen ein

Das Propaganda-Bild der deutschen Frau

Einen Orden für die Mutter, aber nichts zu beißen für deren zahlreiche Kinder

Hitler den Krieg. Am frühen Morgen des 1. September 1939 marschiert die Wehrmacht in Polen ein. Über den Volksempfänger verkündet der Führer: »Seit 5.45 Uhr wird jetzt zurückgeschossen.« Der Appell in der handelsrundschau lautet: »Deutsche Kaufleute! Ihr kennt den Platz, der euch gewiesen ist! Ihr, meine Arbeitskameraden, seid nun im Dienst wie jeder Soldat!« Zwangsrationierung wird eingeführt. Fett, Fleisch, Butter, Milch, Käse, Zucker und Marmelade sind ab 1. September nur noch gegen Lebensmittelmarken erhältlich. Knapp drei Wochen später folgen Brot und Eier. Textilien gibt es ab Oktober ausschließlich mit einer jährlichen »Reichskleiderkarte«. Sie besteht aus 100 Punkten, die beim Kauf abgerechnet werden. 4 Punkte »zahlt« man z.B. für ein Paar Strümpfe, 25 Punkte für einen Pullover.

Reibungslose Versorgung

Die Deutschen müssen auf viele Nahrungsmittel verzichten. Das Jahr 1942 ist besonders kritisch bezüglich der Fettversorgung. Doch zu wirklich ernsthaften Ernährungsproblemen wie im Ersten Weltkrieg kommt es nicht. Im Gegenteil. Selbst im Krieg noch innovativ, führt EDEKA sogar ein neues Lebensmittelsortiment ein: die »Reformwaren-Ecke«. Hier findet sich die so genannte »Brotary-Nahrung« – das sind Vollkornprodukte auf Weizenbasis, die keine kriegsbedingten Ersatznahrungsmittel sind. Manche EDEKA-Händler benutzen die Warenvielfalt zu Propagandazwecken. So können im Frühjahr 1941 Kunden in einigen Schaufenstern lesen: »100erlei für Küche und Haus … und das nennt England Blockade.« Erst im Februar 1945 bricht die deutsche Ernährungswirtschaft zusammen; die letzten Lebensmittelkarten enthalten keine Mengenangaben mehr.

Frauen übernehmen das Geschäft

»Es liegt im Wesen einer jeden Frau«, so die handelsrundschau im April 1934 in völliger Übereinstimmung mit der Nazi-Ideologie, »einmal Gattin und Mutter werden zu dürfen. Das ist ja schließlich ihr Lebensziel.« Sie ist die »Erhalterin des Volkes«. Statt zu arbeiten, soll sie gebären. Als Ansporn, diesem Auftrag auch nachzukommen, schaffen die Nationalsozialisten das »Mutterkreuz«: Bronze für vier, Silber für sechs und Gold für acht Kinder! Selbst als der Krieg immer mehr Männer braucht, müssen die deutschen Frauen nicht an die »Arbeitsfront«. Mit 14,9 Millionen erwerbstätigen Frauen im September 1944 wird der Vorkriegszustand vom Sommer 1939 lediglich um 300.000 Frauen übertroffen – freilich nur, weil gleichzeitig immer mehr Zwangsarbeiter schuften müssen. Bei EDEKA hingegen geht man andere Wege. Bereits im Jahr 1933 stehen Frauen in 18.679 von den 25.951 Geschäften täglich ihren Mann. Wie bereits im Ersten Weltkrieg nehmen auch ab September 1939 wieder »Tausende und Abertausende von Kaufmannsfrauen … der Pflicht gehorchend, das

Leckerbissen

Die Franzosen nannten ihn »Mocca faux«, was so viel bedeutet wie falscher Kaffee. Als die preußischen Soldaten diesen würzigen Sud aus gerösteten Körnern 1870 zwischen den Schlachten des deutsch-französischen Krieges zum ersten Mal probieren, nennen sie ihn einfach salopp eingedeutscht »Muckefuck«. Ob aus mangelnden Französischkenntnissen oder wahrem Preußentum ist nicht überliefert. Zugegeben: Es gibt auch ein paar langweilige Zungen, die behaupten, der Name des koffeinfreien Ersatzkaffees sei eine Zusammensetzung aus Mucken (brauner Holzmulm) und fuck (faul). Aber die erste Erklärung hat doch wirklich viel mehr »Stil«.

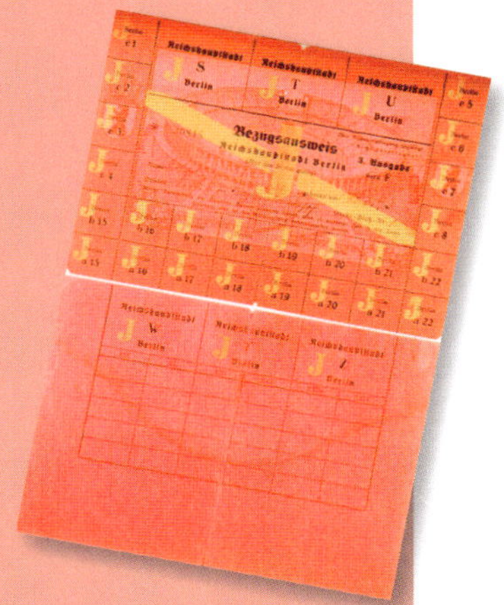

Improvisation

Die Regierung rationiert Lebensmittel. Sie können nur gegen Marken eingetauscht werden, von denen es zahlreiche Varianten gibt. Am wenigsten Lebensmittel erhalten Deutsche jüdischen Glaubens, kaum genug zum Überleben. Die meisten Kaufleute versuchen den Betrieb auch in den Trümmern aufrecht zu erhalten, allerdings oft nur mit Ersatzprodukten wie Tartex.

Oben links: Das mühsame und zeitaufwändige Kleben von Lebensmittelmarken
Oben rechts: Lebensmittelmarken für Juden
Unten links: Viele Lebensmittel werden aus Ersatzstoffen hergestellt. Tartex ist der vegetarische Ersatz für Wurstaufstrich
Unten rechts: Notdürftig errichteter Verkaufstresen

Karl-Heinz Preuß: seit 1996 Aufsichtsrat der EDEKA ZENTRALE AG & Co. KG, seit 2001 Vorstand der EDEKA Minden eG

Schokolade schmeckte immer sandiger

Er war sechs Jahre alt, als der Zweite Weltkrieg ausbrach. Doch Karl-Heinz Preuß aus Barkhausen a. d. Porter kann sich noch genau erinnern, welche Schwierigkeiten seine Mutter und sein Vater damals zu meistern hatten – von den Lebensmittelmarken bis zur Warenbeschaffung. Lediglich von den Bomben blieb Familie Preuß verschont.

Wann haben die Schwierigkeiten begonnen?

Für meinen Vater begannen sie bereits Mitte der 30er Jahre. Wir hatten gerade unsere erste Filiale eröffnet und wollten weiter expandieren. Doch das »Einzelhandelsschutzgesetz« der Nazis hat das Gründen von Filialen verboten. 1941 wurde mein Vater eingezogen. Meine Mutter und meine Großmutter übernahmen die Führung der beiden Geschäfte. Das war nicht einfach, schließlich mussten sie sich von der Warenbeschaffung bis zur Buchhaltung um alles kümmern.

Gab es Lebensmittelmangel?

Ja, aber der wurde erst allmählich spürbar. Zuerst entschwanden die Importwaren wie Kaffee, Kakao und Südfrüchte. Erst ab 1942 wurden die Lebensmittel langsam knapp. Viele Warenbezeichnungen begannen damals mit »Kunst« oder endeten mit »ersatz«. Ich weiß noch, dass die Schokolade immer sandiger schmeckte. Doch die Kunden waren zufrieden, dass sie überhaupt etwas bekamen.

Welche anderen Schwierigkeiten kamen auf?

Das Lebensmittelkartensystem wurde eingeführt. Ich erinnere mich noch genau an die vielen Zigarrenkisten mit Schlitz, in denen wir die Marken sortierten. Abends war es dann Familienaufgabe, die Schnipsel aufzukleben. Wenn wir es alleine nicht schafften, holten wir Unterstützung beim Bund Deutscher Mädchen. Am nächsten Tag ging meine Mutter mit diesen Bögen zur Behörde und bekam dafür Bezugsscheine. Diese konnte sie im Großhandel gegen Ware eintauschen. Viele Kaufleute kauften damals auch beim privaten Großhandel, da dieser im üblichen Tauschhandel flexibler sein konnte als der EDEKA-Großhandel.

Wie war es mit dem Transport der Ware?

Das war ein echtes Problem. Benzin war Mangelware. Darum fütterte meine Mutter unser Auto mit einem Spiritus-Petroleumgemisch. Das stank entsetzlich. 1942 haben die Behörden unseren Wagen beschlagnahmt und ihn an die Westfront geschickt.

Das Geschäft der Familie Preuß in Barkhausen

Erbittert kämpfen die Soldaten in zerstörten Städten

Dresden wird fast komplett vernichtet

Das EDEKA-Haus vor der Zerstörung im November 1943

Steuer des Geschäfts in ihre durchaus nicht schwachen Hände«. Das wiederum bringt einige alte Grundsätze ins Wanken: Frauen dürfen erstmalig der Genossenschaft beitreten. Und zwar auch ohne Zustimmung des Ehemannes.

Im Bombenhagel

Seit 1941 unterliegen ausnahmslos alle Nahrungs- und Genussmittel der Pflicht zur Preisauszeichnung. Der Staat regelt alles: Welche Produkte wie hergestellt werden und wie viel von einem Produkt eingekauft werden darf. »Mit einem so genannten freien Spiel der Kräfte in der Wirtschaft ist es endgültig vorbei«, so die Feststellung in der handelsrundschau. Der EDEKA-Ausstattungsdienst muss seine Arbeit aufgeben. »Wir sind überzeugt, dass es nach dem Kriege auf diesem Gebiet viel Arbeit geben wird«, liest es sich aus heutiger Sicht eher zynisch. Zum Schutz gegen die Bombardierungen müssen die EDEKAner ihre Leuchtreklamen ausschalten und die Fenster mit Folie abdunkeln. Aber wie kennzeichnet man seinen Laden für den Kunden, ohne gegen Regeln zu verstoßen? Man schneidet seinen EDEKA-Schriftzug in die dunkle Folie und hinterklebt die Buchstaben mit roter Folie. Ab 1942 prasseln die Bomben auf deutsche Städte. Der Geruch von Feuer und Tod hängt in der Luft und auf ewig im Gedächtnis der Überlebenden. Unzählige EDEKA-Geschäfte und Lager werden zerstört. Mitten in der Nacht versuchen viele EDEKAner unter Einsatz ihres Lebens ihre Geschäfte vor den Flammen zu retten. Oft vergebens. Es wird improvisiert. Zerstörte Läden werden kurzerhand in unbenutzte, intakte Geschäftsräume aus der Nachbarschaft verlegt. Am 22. November 1943 treffen die Bomben das EDEKA-Haus in Berlin. Bei Bergungsarbeiten stirbt der 60-jährige Mitarbeiter Rudolf Forch. In einem Rundschreiben erklärt der damalige Vorstand: »Der Feind kann uns wohl unsere Häuser und unsere Betriebsanlagen durch Spreng- und Brandbomben vernichten. Aber unsere EDEKA wird er niemals zerstören! Es wird weitergearbeitet – jetzt erst recht mit doppeltem Mut und doppelter Kraft.« Kaputte Straßen und fehlende LKWs machen die Belieferung der Mitglieder schwierig. Viele Kaufleute greifen erneut zum Handkarren. Nächtelang sitzen Kaufmannsfamilien und sortieren und kleben die kleinen Lebensmittelmarken, die sie für die Neubelieferung benötigen.

Die Stunde Null

Zur selben Zeit kämpfen an den Fronten die deutschen Soldaten immer noch für die Chimäre des »Tausendjährigen Reichs«. Immer öfter erscheinen in der handelsrundschau Todesanzeigen gefallener EDEKAner. Erste Zweifel am »Geschick des Führers« werden laut. Aber es kommt noch schlimmer. Nach der verlorenen Schlacht um Stalingrad fordert Goebbels im Februar 1943 schließlich den »Totalen Krieg« und bekommt ihn.

Doch die Deutschen erleiden ständig weitere Niederlagen: in Afrika, Italien und Frankreich. Während die Moral der Bevölkerung sinkt, wächst in gleichem Maße die Angst. Im Osten rückt die Rote Armee immer näher. Viele Deutsche flüchten ab Oktober 1944 vor Ermordung, Vergewaltigung und Verschleppung gen Westen. In den großen Städten herrschen chaotische Zustände. Eine lähmende Kriegsmüdigkeit senkt sich über das Reich. Drakonische Strafen der Nazis gegen solchen Defätismus greifen nur bedingt. In den letzten Wochen müssen auch Frauen, Kinder und alte Männer zur Waffe greifen. Doch es hilft alles nichts. Am 30. April 1945 setzt Adolf Hitler seinem Leben selbst ein Ende, acht Tage später wird die Gesamtkapitulation aller deutschen Streitkräfte unterzeichnet. Das Deutsche Reich liegt in Trümmern. Weltweit haben rund 65 Millionen Menschen ihr Leben verloren, davon sind allein 6 Millionen Juden dem Terror und der Vernichtung der Nationalsozialisten zum Opfer gefallen. Aus dem »Totalen Krieg« ist die nahezu totale Zerstörung geworden. Es schlägt die Stunde Null.

1946 bis 1959

„Wenn ma echt mog, geht ois!"
Mit der richtigen Unterstützung geht selbst Unmögliches.
Meine kommt manchmal von oben … oder von Edeka.

Luise Kaltschmid, geboren am 15.09.1953

1946 bis 1959

„Wenn ma echt mog, geht ois!"

Mit der richtigen Unterstützung geht selbst Unmögliches.
Meine kommt manchmal von oben… oder von Gabeka.

Luise Kaltschmid, geboren am 15.09.1953

Trümmerfrauen schleppen schwer, entbehren alles ...

... nur einige Jahre später herrscht Überfluss

Wie Phönix aus der Asche

Der Anfang gehört den Trümmerfrauen. Auf den Wiederaufbau folgt das Wirtschaftswunder. EDEKA zieht an die Alster. Vom Kalten Krieg zerrissen, flüchten die Deutschen in »Heile Welt«-Filme, die Halbstarken in den Rock'n'Roll.

Die Stimme des Zynismus flüsterte den Deutschen in den letzten Gefechtstagen leise ins Ohr: »Genießt den Krieg, der Friede wird furchtbar sein«. Worte, die im Mai 1945 wahr werden. Deutschland gleicht einer Trümmerwüste. Zerstörung, so weit das Auge reicht. Über 400 Millionen Kubikmeter Schutt stapeln sich in den Städten. Die Infrastruktur und viele Wohnungen sind zerstört.

»Hier ist die Stadt der Warenhäuser – hier war'n Häuser, da war'n Häuser«, witzeln die Berliner. Die EDEKA-Kaufleute versuchen ihr Geschäft so gut wie möglich weiterzuführen. Oft kann die spärliche Ware nur in Kellergewölben ausgebombter Häuser angeboten werden. Pappe- und Holzverschläge ersetzen Fensterscheiben, flackerndes Kerzenlicht die helle Glühbirne. Handgemalte Schilder machen auf eine Sonderration aufmerksam. Viele haben ihr Zuhause verloren und drängeln sich auf engstem Raum in den wenigen Wohnräumen, die heil geblieben sind. Andere hausen in notdürftig erbauten Nissenhütten und Baracken. Improvisation lautet das Gebot der Stunde. Aus Granathülsen werden Lampen, aus Stahlhelmen Kochtöpfe und aus Munitionskisten Behelfsschränke. Es fehlt an Wasser, Gas und Strom. Die Mütter kochen die mühsam ergatterten Speisen aus Mangel an Brennmaterial nur kurz auf und lassen sie anschließend in mit Lumpen isolierten Kochkisten fertig garen. Ein Land im Chaos, das mit der Flut von zehn Millionen Flüchtlingen aus den deutschen Ostgebieten völlig überfordert ist. Allein in Schleswig-Holstein sind etwa 33 Prozent der Bevölkerung Vertriebene. Da die Männer in Kriegsgefangenschaft sitzen, zum Krüppel geworden oder gefallen sind, leisten die Frauen die Aufräumarbeiten. Mit bloßen Händen ziehen sie intakte Ziegel unter den Trümmerbergen hervor – und oft auch verschüttete Leichen.

Der größte Feind heißt Hunger. Um die Mägen zu füllen, klauen die Deutschen Kartoffeln und Rüben von den Feldern und Kohle von den Waggons. Auf völlig überfüllten Zügen fahren Millionen Städ-

EDEKA-Meilensteine

1946 Der EDEKA Werbedienst wird gegründet

1950 Die EDEKA-Pensionskasse entsteht

1951 Im neuen EDEKA-Haus an der Hamburger Alster richtet die Zentrale ein Lebensmittel-Labor ein

1952 In Saarbrücken eröffnet auf 300 qm der erste EDEKA SB-Laden

1959 Der Ausstattungsdienst entwickelt die ersten seriengefertigten Ladenmöbel im Baukastensystem »edeka best«

Ein hübsches Mokka-Service gehört bald in jeden Haushalt

Kurz & Gut

Das EDEKA-Logo von 1922 wird erst 1947 und dann 1952 überarbeitet

Es darf wieder gelacht werden ...

Ende der 40er wirbt EDEKA wieder verstärkt um Kundinnen

Leckere Haushalts- und Kochtipps von der EDEKA

Gut aussehen mit der EDEKA-Sonnenblende von 1956

Die Jubiläumsprodukte zum 50-jährigen Bestehen der EDEKA

Das neue EDEKA-Haus steht unter einem guten Stern

Eine Frau kocht ihr Essen in einem freigelegten Herd inmitten von Trümmern

Aus Eicheln wird Suppe oder Mehl gemacht

ter zum »Hamstern« aufs Land. Die Bauern lassen sich Milch, Mehl und Eier teuer bezahlen. Böse Zungen sprechen vom »Perserteppich im Kuhstall«. Auf dem Weg nach Hause wird die gegen Pelzmäntel und Familienjuwelen eingetauschte Ware oft beschlagnahmt. Die Deutschen sind auf Lebensmittellieferungen der Alliierten angewiesen. Die Brotration ist auf eine dünne Scheibe pro Tag gesunken. Es kommt zu Hungerdemonstrationen. Die seit Juni 1946 aus den USA nach Deutschland geschickten CARE-Pakete lindern die Not ein wenig. Doch im kalten Winter desselben Jahres schlachten viele aus Verzweiflung ihre Pferde, Tauben oder gar Haustiere. Das US-Magazin »Time« kommentiert trocken: »Das Ausmaß, in dem Hunde amerikanischer Besatzungsangehöriger getötet und verspeist werden, kommt einer Herausforderung gleich.«

Doch Not macht erfinderisch. Aus Bucheckern wird Öl gepresst und Brot aus Kartoffelschalen gebacken. Insiderwissen ist alles: Zehn Pfund Eicheln ergeben sieben Pfund Eichelmehl. Daraus kann mit Wasser, Molke und Zucker eine »Süße Eichelsuppe« gekocht werden. Jede freie Grünfläche wird bewirtschaftet. In den Stadtparks fällen die Bürger nachts die Bäume für Brennholz. Die Währung ist durch den Mangel an Ware und das viele Geld, das im Umlauf ist, ruiniert. Der Schwarzmarkt blüht. Beliebtestes Zahlungsmittel: die Ami-Zigarette. Sie hat einen Wert von etwa 12 Reichsmark. Für ein paar Strümpfe oder 500 Gramm Speck müssen

Deutschland ist in vier Sektoren geteilt

Mühsam schleppen die Trümmerfrauen Schienen

rund 16 Zigaretten auf den Tisch gelegt werden. Für einen goldenen Ring mit Diamant gibt es zwei Kilo Kaffee und 50 Zigaretten.

Der englische Sozialpolitiker Lord William Beveridge schlägt Alarm: Die Deutschen bekämen »nicht einmal die Hälfte der Kalorienmenge, die wir in England als unerlässlich für die Aufrechterhaltung der Gesundheit ansehen«. Schon bald exportiert London Getreide nach Deutschland. Dafür muss auf der Insel Brot rationiert werden – eine Maßnahme, die nicht einmal im Krieg der Fall gewesen war und den meisten Briten wenig schmeckt.

Viele Deutsche stehen vor verschlossenen Läden

Aufbauarbeit bei EDEKA

Auch die blau-gelbe Genossenschaft ist durch den Krieg schwer angeschlagen. Die Hälfte aller Niederlassungen der EDEKA ZENTRALE ist zerstört worden, darunter auch das Haupthaus in Berlin. Von den 16 Zweigniederlassungen der EDEKABANK wurden 12 dem Erdboden gleich gemacht. Manche von ihnen trafen die Bomber mehrmals. Immer wieder versuchen die Kaufleute in den Trümmern weiter zu arbeiten. 60 EDEKA-Genossenschaften berichten über die totale Vernichtung ihrer Lager- und Bürogebäude. Wie viele EDEKAner in Bombenhagel und Frontkämpfen den Tod fanden, ist nicht überliefert. Die EDEKA-Geschäfte in Ostpreußen sind für immer verloren. Hunderte von vertriebenen EDEKAnern kommen in den Westen. Die meisten nur mit einem kleinen Holzkoffer, einem Rucksack und den Kleidern am Leib. Sie sind auf die Hilfe von Berufskollegen angewiesen. Von den 525 Genossenschaften, die vor dem Krieg bestanden, sind nur noch 326 übrig geblieben. Davon fallen 125 in das Gebiet der sowjetischen Besatzungszone. 1945 zählt eine Genossenschaft im Schnitt 84 Mitglieder, der Gesamtumsatz der EDEKA liegt bei mageren 125 Millionen Reichsmark. Im Vergleich: 1938 waren es mit den annektierten Gebieten 374 Millionen Reichsmark. Zunächst versucht die EDEKA-Führung die Funktionsfähigkeit zurückzugewinnen. Durch die Aufteilung des Westens in drei Besatzungszonen ist das nicht ganz einfach. Wer Kollegen in einer anderen Stadt treffen will, muss verschiedene Passstellen überwinden – immer auf die Gefahr hin, verhaftet zu werden. Hinzu kommen die miserablen Straßenverhältnisse. Doch 1946 erfolgt in Göttingen die Neubildung des Verbandsausschusses, der vorläufigen Vorstände und Aufsichtsräte. Schnell werden die Amerikaner und Briten, die ihre Besatzungsgebiete 1947 zusammenlegen, von der Wichtigkeit der EDEKA-Genossenschaft überzeugt. Die Anordnung der völligen Dezentralisierung seitens der bizonalen Militärbehörden gilt nicht für sie. Stattdessen wird EDEKA von den »Zweizonen-Ämtern« als Großhändler anerkannt und als »Empfangs- und Gruppenverteiler« eingesetzt.

Illegal tauscht man das Familiensilber gegen Brot

Die Blockierung aller Bank- und Postscheckguthaben in Berlin und in der Ostzone stellt EDEKA vor eine schwierige Aufgabe. Können doch neue Geschäfte nur gegen Barzahlung getätigt werden. Die Genossen sehen sich gezwungen, ein begrenztes Darlehen aufzunehmen. Aus Mangel an flüssigen Mitteln werden die Gehälter stark gekürzt ausgezahlt. Zusätzlich müssen die Angestellten in den Büros Heizmaterial, Schreibpapier und Bleistift oft selbst mitbringen. Insgesamt verläuft der Anstieg der Umsätze nach dem Krieg eher schleppend.

Doch immerhin: Die Weinkellereien in Bingen und Landau beliefern die Intendantur der französischen Besatzungsmacht. Auch das Einfuhrgeschäft der Importstelle kommt erst nach Importaufträgen der Militärregierung in Gang. Zuerst will die von den Besatzern eingesetzte Außenhandels-Kontrollbehörde JEIA (Joint Export-Import Agency) die EDEKA-Importstelle nicht als Außenhandelsunternehmen anerkennen. Daher wird am 13. Juli 1947 die EDEKA Import eGmbH als eigene Zentralgenossenschaft für das Importgeschäft gegründet.

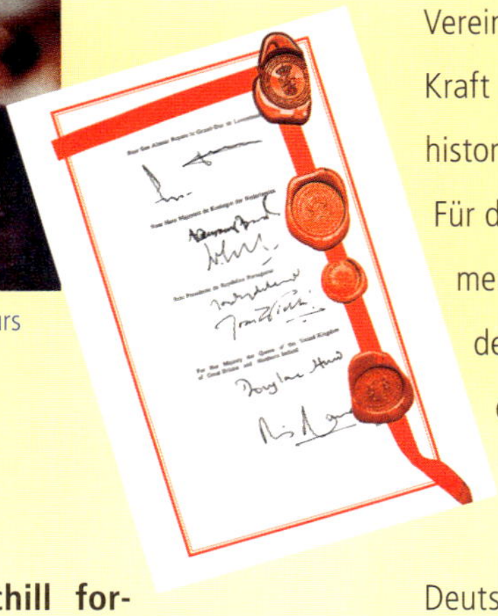

oben: Dr. Paul König bringt EDEKA auf Europakurs
rechts: der EU-Vertrag von Maastricht

EDEKA und die EU

Premierminister Winston Churchill fordert sie schon Ende 1946: die Vereinigten Staaten von Europa. Doch der Weg zur Gründung einer wirtschaftlichen Gemeinschaft der europäischen Staaten ist lang und steinig. Es geht um die Liberalisierung des Warenverkehrs, den Abbau von Zöllen und indirekte Exportförderungsmaßnahmen. Keine leichte Kost. Meist gehen die Verhandlungspartner in ihrer gemeinsamen Handelspolitik zwei Schritte vor und einen zurück.

Doch am 25. März 1957 ist es soweit. Frankreich, Deutschland, Belgien, die Niederlande, Luxemburg und Italien unterzeichnen den Vertrag über die Europäische Wirtschaftsgemeinschaft, kurz EWG. Endlich können »Waren, Dienstleistungen und Personen frei und ohne künstliche Hemmungen verkehren«. Bei EDEKA nimmt man die Nachricht mit gemischten Gefühlen auf. Mit dem Abbau der Zollschranken ist der Weg frei für neue ausländische Produkte, die den deutschen Konkurrenz machen. Das Sortiment in den Regalen wird größer, die Ansprüche der Kunden wachsen. Gleichzeitig soll sich aber auch das Preisniveau der unterschiedlichen Länder angleichen. Sprich: Produkte können günstiger eingekauft werden. EDEKA-Chef Dr. Paul König ist zuversichtlich. 1960 sagt er: »Als Deutsche und als Kaufleute bejahen wir den gemeinsamen Markt in der Überzeugung, dass damit ein erster wesentlicher Schritt zur Vereinigung des kontinentalen Europas getan ist, das als dritte Kraft zwischen den beiden großen Machtblöcken der Welt eine historische Aufgabe zu erfüllen hat.«

Für den EDEKAner wird die Bindung an seine Genossenschaft immer wichtiger. Nur gemeinsam können die kleinen Einzelhändler den »Kampf um den Absatz« gewinnen. Im Wirtschaftsgebiet der EWG leben rund 170 Millionen Menschen. Darauf kommen 2,9 Millionen Einzelhändler. Die Betriebsdichte ist in Belgien mit 30 Einwohnern pro Geschäft am höchsten, in Deutschland mit 80 Einwohnern pro Laden am niedrigsten.

Ab 1961 kümmert sich die »Arbeitsgruppe Handel« in Brüssel um Themen wie Ladenöffnungszeiten, Rabattregelungen, Sonderverkäufe, Steuer- und Sozialfragen. Gleich zu Beginn soll ein Lebensmittelkodex eingeführt werden, der die Beurteilungsnormen für die Lebensmittelqualität europaweit festlegt. Eine Flut an Vorschriften folgt. In der handelsrundschau stellt man entnervt fest, »dass wir mit nationaler Souveränität kaum mehr entscheidend Einfluss auf die Beschlüsse in der EWG-Kommission haben«. Oft geht nationaler Eigensinn vor gesamteuropäischem Denken. Die Wirtschaftspolitik wird mehr auf den Produzenten und Erzeuger, weniger auf den Händler ausgerichtet. Bei Preiserhöhungen ist meist der Kaufmann der Buhmann. Dabei werden beispielsweise Importwaren durch Abgaben zum Schutz der EWG-Produktion unnötig verteuert.

1993 fallen die Binnengrenzen. Im selben Jahr entsteht die EU (Europäische Union). Seit 1.1.2007 gehören ihr 27 Staaten an. In 13 davon gilt der 2002 eingeführte Euro. Das Warenangebot wird bunter, die Konkurrenz stärker. EDEKA freut sich, schließlich bedeutet der neue Markt mit aktuell rund 490 Millionen Einwohnern zusätzliche Wachstumsimpulse dank neuer Absatzpotenziale, Kunden und Märkte.

Als Wechselgeld müssen Naturalien verwendet werden

Millionen Deutsche holen sich zur Währungsreform am 20. Juni 1948 ihr Kopfgeld in Höhe von 40 Mark ab

Zeitlos

Diese noch heute beliebten Marken entstehen:

1949 Tchibo

1951 Blend-a-med Zahnpasta

1951 Bluna

1957 Mon Cheri

1958 Hohes C

1959 Pril Flüssigspülmittel

1959 Hanuta

Die Regale sind voll. Frau kann wieder einkaufen

Genervt von »Renntieren«

Im Juni 1947 verkündet US-Außenminister George C. Marshall in der Harvard Universität sein legendäres Hilfsprogramm für Europa. Der Marshall-Plan hat enorme psychologische Wirkung und gilt als Katalysator für das deutsche Wirtschaftswunder. Dabei sind die Summen, die Westdeutschland aus dem »European Recovery Program« zukommen, eher gering.

Von den rund 14 Milliarden Dollar (nach heutigem Wert rund 108 Milliarden Dollar) erhält die Trizone knapp zehn Prozent. Es fließen Kredite, Rohstoffe und Lebensmittel. Doch die Auswahl darüber obliegt den Amerikanern. Zudem dürfen die Deutschen nicht frei über die Mittel verfügen.

Als Voraussetzung für den Marshall-Plan muss eine Währungsreform her. Im Oktober 1947 lassen die Amerikaner in New York und Washington Geldscheine im Dollardesign mit der Aufschrift »Deutsche Mark« drucken. In 23.000 Stahlkisten kommt die DM am 20. Juni 1948 nach Deutschland. Millionen Bürger stehen an diesem Sonntag Schlange, um ihr »Kopfgeld« von 40 Mark abzuholen. Der Umtauschkurs ist 10:1. Löhne, Gehälter und auch Warenpreise werden im Verhältnis 1:1 umgestellt. Anfangs fehlt es an genügend Bargeld. Um den Mangel an Kleingeld zu überbrücken, malt so mancher Kaufmann Ein- und Zweipfennig-Münzen einfach auf Pappe und gibt diese als Wechselgeld heraus.

Die Verlierer der Währungsreform sind Menschen mit großem Barvermögen. Quasi über Nacht ist das meiste davon so gut wie wertlos. Auch EDEKA trifft es hart. Der Großteil des Kapitals ist vernichtet. Besonders hohe Verluste erfahren die Kollegen mit vollen Lagern. Die Deutschen haben wenig Geld, doch die Geschäfte sind voll mit Waren. Die Lagerartikel müssen unter Wert verkauft werden.

Geld ist Macht

Das ist zunächst die letzte bittere Pille für die deutschen Einzelhändler. Jetzt geht es wieder bergauf. Nach elf Jahren können sie ihre Preise endlich wieder frei gestalten. Lebensmittelkarten verschwinden, die Zwangswirtschaft wird von der freien Marktwirtschaft abgelöst. Und die Konkurrenz zieht wieder ins deutsche Geschäftsleben ein. Die Kunden legen plötzlich mehr Wert auf Qualität statt Quantität und vergleichen die Ware. Einige EDEKAner sprechen genervt von so genannten »Renntieren« – das sind Kundinnen, »die von einem Laden zum nächsten rennen«, um zu gucken, ob es dort »vielleicht Grieß statt Graupen« gibt. Um den Geschäftsbetrieb aufrecht zu erhalten, braucht EDEKA

Die Berliner Kinder winken den Rosinen-Bombern zu, die ihnen Schokolade bringen

Nach der Blockade trifft ein EDEKA-LKW als eines der ersten Fahrzeuge in Berlin ein

dringend Geld. Dies soll unter anderem durch ein verschärftes Barzahlungsprinzip und eine Beschleunigung des Warenumschlags erreicht werden. Langsam bauen die EDEKAner ihre zerstörten Büro- und Lagergebäude wieder auf. Eigene Kaffeeröstereien, ab Mitte der 50er auch Verpackungsanlagen und Kühlhäuser werden in Betrieb genommen. Die Läden werden auf Vordermann gebracht. Sind Ladenfenster und Rahmen noch heil? Ist das Mauerwerk ordentlich verputzt und gestrichen? Der Fragenzettel ist lang. Der 1946 gegründete Werbedienst achtet besonders auf eine einheitliche Außengestaltung der Geschäfte mit EDEKA-Schriftzug und -Schleife. Die Eigenmarken kehren zurück in die Regale und »Die kluge Hausfrau« wird ab August 1949 wieder an die Kunden verteilt. Zwischen 1945 und 1950 ist die Mitgliederzahl der EDEKA um 7.000 Kaufleute auf 25.000 gewachsen. Auch der Umsatz steigt: Sind es 1948 noch 386 Millionen Mark, kommen 1950 bereits 628 Millionen Mark zusammen. Mit Spendenaktionen helfen die EDEKAner ihren aus dem Osten geflüchteten Kollegen, die alles verloren haben. Wer Mitarbeiter sucht oder seinen Laden verpachten will, richtet sich zuerst an die Vertriebenen. Schulungen und Wochenendlehrgänge werden wieder angeboten. Und die Zentrale knüpft Kontakte ins Ausland – zum Informationsaustausch mit genossenschaftlichen Organisationen in der Schweiz, Finnland, Dänemark und Schweden.

Die Schatten des Kalten Krieges

Während in der Westzone die Wirtschaft an Fahrt gewinnt, grenzt sich die Ostzone immer mehr ab. Fleißig bauen die Kommunisten am »Eisernen Vorhang«. Kurz nach der Währungsreform kommt es zum ersten Kräftemessen der neuen Mächte: Die Sowjets stoppen den Landverkehr nach Berlin. Doch die Amerikaner lassen die Berliner nicht im Stich. In einer legendären Hilfsaktion fliegen »Rosinen-Bomber« rund um die Uhr und versorgen die Bevölkerung 322 Tage lang mit 1,5 Millionen Tonnen lebensnotwendiger Fracht. Einige Tage nach Ende der Luftbrücke wird im Mai 1949 im Bonner Naturkundemuseum Koenig die Bundesrepublik gegründet. Statt einer Verfassung gibt es ein »Grundgesetz« – eine Erfindung des Hamburger Bürgermeisters Max Brauer. Der erste Bundeskanzler heißt Konrad Adenauer.

Im Oktober wird in der sowjetischen Zone die Deutsche Demokratische Republik ins Leben gerufen. Deutschland ist geteilt. Noch will keiner den Glauben an eine rasche Wiedervereinigung aufgeben. In der EDEKA-Jubiläumsschrift von 1957 liest man, dass der Umzug ihrer Zentrale von Berlin nach Hamburg »im Hinblick auf die Wiedervereinigung Deutschlands eine provisorische Lösung darstellt«.

Mit Ausbruch des Korea-Krieges beginnen die Deutschen wieder Lebensmittel zu horten. Fast die Hälfte aller Bundesbürger glaubt, dass der dritte Weltkrieg in wenigen Jahren ausbrechen wird.

Wussten Sie …?

Eigentlich müssten Millionen Menschen dieser Frau wie einer Heiligen huldigen. Denn ohne Herta Heuwer, geborene Pöppel, wären sie alle um ein Lieblingsgericht ärmer: die Currywurst. Am 4. September 1949 verkauft die gebürtige Königsbergerin in ihrem Imbiss in Berlin-Charlottenburg eine gebratene Brühwurst mit einer eigenen Saucenmischung aus Tomatenmark, Currypulver und Worcestersauce. Die Kreation wird sofort ein Renner. Seit 2003 versuchen nun die Hamburger, sich diese Erfindung auf ihre Fahnen zu schreiben. Anführer ist der Autor Uwe Timm. Er behauptet, die erste Currywurst bereits 1947 als Kind auf dem Großneumarkt gegessen zu haben. In seinem Roman nennt er die Imbissfrau Lena Brücker.

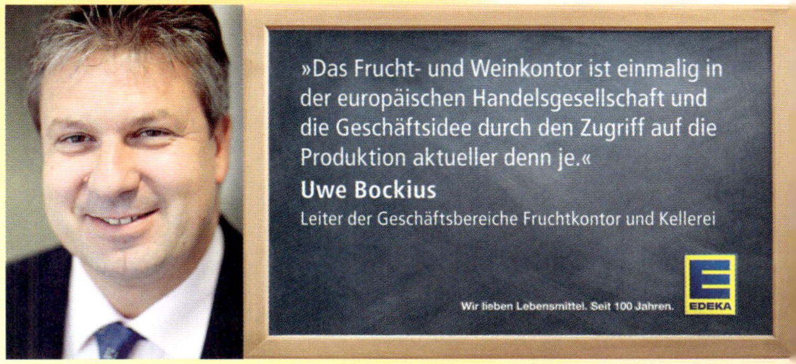

Schon früh besonders begehrt: Bananen

Mitarbeiterinnen sortieren Zitrusfrüchte aus Sizilien

Bananen aus Offenburg

Anfangs ist EDEKA bei der Gründung eigener Produktionsstätten sehr skeptisch. Zu hoch schätzen die Genossen das finanzielle Risiko ein. Darum lautet die Maxime auch in den 50er Jahren noch: »Wir lehnen die Eigenproduktion ab.« Lieber bleibt man beim bewährten System: EDEKA gewinnt ausgewählte Lieferanten und lässt sich von ihnen verschiedenste Erzeugnisse herstellen.

Durch die Einführung der Selbstbedienung in den 50er Jahren stehen EDEKA jedoch mehr liquide Mittel zur Verfügung. Zusätzlich steigt durch den Wirtschaftsboom die Nachfrage beim Verbraucher. Und plötzlich ist die Idee von Eigenproduktionsstätten ziemlich interessant. Erste Versuche hat EDEKA ja bereits getätigt: Die Weinkellereien in Bingen und Landau, der Spirituosenbetrieb in Hamburg sowie die Ostdeutsche Eiernudel- und Makkaroni-Fabrik in Breslau. Letztere liegt nun in Polen. Die Rheinberg-Kellerei in Bingen ist heute Deutschlands drittgrößter Wein- und Sektvermarkter.

Ende 1955 wird die erste Bananenreiferei im badischen Offenburg eingeweiht. Sie ist eine der Keimzellen für das EDEKA Fruchtkontor, das heute europaweit zu den bedeutendsten Vermarktern von Obst und Gemüse gehört. Über sieben Beschaffungsstellen in Deutschland, Holland und Spanien steuert diese Tochtergesellschaft der EDEKA ZENTRALE den Einkauf von Früchten, Gemüsen und Blumen für die gesamte Gruppe. Dabei stammen die Produkte aus über 60 Ländern der Erde und summieren sich zu mehr als 1 Million Tonnen pro Jahr!

Neben der beeindruckenden Quantität ist es aber vor allem die Qualität, die zählt. Sie wird durch den direkten Kontakt zu den Erzeugern vor Ort sicher gestellt – einer der Erfolgsfaktoren für EDEKA-Eigenmarken wie Rio Grande, Gärtners Beste, Schlemmer Küche und die aus kontrolliertem ökologischem Anbau stammenden BIO WERTKOST-Produkte. Und dass auch den Bananen weiter besondere Aufmerksamkeit gilt, zeigt die Inbetriebnahme der jüngsten, hochmodernen Bananenreiferei im Jahr 2005.

Das Qualitätsprinzip gilt natürlich auch für die umfangreiche Produktion eigener Fleisch- und Wurstwaren. Ende 2006 betreibt die Gruppe 19 Fleischwerke. Mit Waren der Marke »Gutfleisch« (eine der bekanntesten und erfolgreichsten Deutschlands in diesem Segment) und »Gutfleisch Bio« wird ein Umsatz von fast 1,5 Milliarden Euro erwirtschaftet. Ihr Fleisch bezieht EDEKA direkt von Vertragslandwirten.

Auch Zutaten für die eigenen Brot- und Backwaren werden fast ausschließlich aus der Region eingekauft. Neue Trends werden in den 13 Backbetrieben sofort aufgegriffen – wie zum Beispiel das »Glyx-Brot« nach der gleichnamigen Diät oder die »Tim Mälzer-Brötchen«. Mit 1.234 Shops ist EDEKA Deutschlands »größter Bäcker«.

Partytime

Endlich wieder Schlemmen vom Feinsten. Wer es sich leisten kann, gönnt sich einen fetten Braten. Die anderen schummeln mit Gerichten wie »Falscher Hase«. Gerne lädt man Freunde zu Cocktailparties ein und serviert kleine Leckereien wie »Fliegenpilze«. Die Jugend trifft sich in den Tanzhallen der Stadt mit Petticoats und Elvistolle zum Rock'n'Roll.

Oben links: Deftiges Essen ist beliebt
Oben rechts: Die Jugend tanzt zum fetzigen Rock'n'Roll
Unten links: »Fliegenpilze« sind gekochte Eier mit Tomate

Konrad Adenauer und Ludwig Erhard beim Feiern

Das neue Haus der EDEKA ZENTRALE in Hamburg an der Alster wird 1951 gebaut

Es darf geschlemmt werden

Im Westen erleben die Deutschen eine Wiedergeburt, die einem Wunder gleichkommt. Zwar klettert die Arbeitslosenzahl in der Trizone durch die vielen Vertriebenen im Jahr 1950 auf dramatische 14 Prozent. Doch der Ausbruch des Korea-Kriegs kurbelt den deutschen Export an. Schlagartig erlebt die Bundesrepublik einen Wachstumsschub über ihre Außenwirtschaft.

1952 exportieren die Deutschen erstmals wieder mehr, als sie einführen. Plötzlich mangelt es an Arbeitskräften. Darum holt die Regierung 1955 die ersten Gastarbeiter nach Deutschland. Bis 1960 wächst die Wirtschaft jedes Jahr im Schnitt um über 8 Prozent. Die Löhne steigen und die Deutschen steigern sich in einen Kaufrausch. Nach all den Entbehrungen der letzten Jahre herrscht großer Nachholbedarf. Angefangen wird beim Essen, dem neuen Lebensgefühl. »Der Dicke« Ludwig Erhard, Vater des Wirtschaftswunders, macht es vor. Üppig und deftig soll es sein. Man will seinen Gästen etwas bieten. Selbst, wenn die Mittel noch nicht ganz da sind. So gibt es Gerichte wie »Falscher Hase« (Hackbraten) oder die »Beamtengars« (Schweinebraten). Auf Partys fließt reichlich Alkohol. Mit einem Cocktail in der einen Hand und kleinen Canapés in der anderen werden der neu angeschaffte Nierentisch und die biegsame Lampe mit Tütenschirm bewundert.

Die Mädchen tragen bunte Petticoats, enge Caprihosen und Nylonstrümpfe. Wer keine hat, malt sich welche. Die Ehefrauen verführen ihre Männer im neckischen Babydoll oder, wenn sie es sich leisten können, in einem figurbetonten Kostüm von Dior. Mit der Gleichberechtigung, im Grundgesetz verankert, ist es nicht weit her. Ehefrauen dürfen nicht ohne Zustimmung ihres Gatten Konten führen. Die Zinsen gehören selbstverständlich ihm. Dank »bequemer Teilzahlung«, wie der neue Ratenkredit heißt, kauft man sich technische Highlights wie einen Bauknecht-Kühlschrank, den neuen Geschirrspüler, ein Grundig-Radio oder einen VW-Käfer. Die Zulassungsbehörden zählen Ende der 50er Jahre gut fünf Millionen Autos; zu Beginn waren es gerade 700.000 gewesen.

Flucht nach vorn

Doch unter der bonbonfarbenen Oberfläche des Wirtschaftswunders verbergen sich die Schattenseiten der Kriegsfolgen: Jedes vierte Kind wächst ohne Vater auf, aber offen getrauert wird wenig. Als »Volk der Täter« hält man das für unangemessen. Die Scheidungsrate liegt einige Jahre nach dem Krieg doppelt so hoch wie davor. Die letzten deutschen Soldaten kommen 1956 aus der Kriegsgefangenschaft heim. Dort müssen sie mit anhören, wie ihre eigenen Kinder fragen: »Mutti, was will der Mann hier?«

Leckerbissen

Er ist der Klassiker der 50er Jahre: Toast Hawaii. Die Food-Autorin Gudrun Rothaug erläutert: »Die verschwenderische Kombination aus Schinken und Käse demonstrierte den neu gewonnenen Wohlstand, Ananas und Cocktailkirschen drückten die Sehnsucht nach der weiten Welt aus.« Doch wer weiß noch, dass der Erfinder dieses Kultsnacks der erste Fernsehkoch Deutschlands ist? Sein Name: Clemens Wilmenrod. Zwischen 1953 und 1964 brutzelt der lustige Ex-Schauspieler zusammen mit seiner Frau Erika und dem Schnellbrater Marke »Heinzelkoch« jeden Freitagabend um 21.30 Uhr 15 Minuten lang in der Sendung »Bitte, in 10 Minuten zu Tisch«.

Mädchenschwarm: Sänger Elvis »The King« Presley

Neueinrichtung: ein modernes Wohnzimmer der 50er

Rausgeputzt: Die EDEKA-Läden bieten dem Kunden ein klares, frisches Design

Während sich die Erwachsenen in »Sissi«- und Heimatfilme flüchten, rebelliert die Jugend gegen den Muff der scheinbar heilen Welt der Wiederaufbaugesellschaft. Der Rock'n'Roll wird Ausdruck des Protests gegen die Langeweile und das Spießbürgertum. Durch die vielen Prügeleien auf Rockkonzerten fürchtet die Frankfurter Allgemeine Zeitung 1956: »Die Gefahr durch die Halbstarken ist schlimmer als die Atombombe.« Die »Halbstarken«, sie tragen Jeans und Lederjacke, gelen ihre Haare wie Elvis Presley und treffen sich in Milchbars oder Lichtspielhäusern. Ihre Vorbilder sind Draufgänger wie Marlon Brando und James Dean.

EDEKA als Innovationsführer

EDEKA investiert kräftig in die Zukunft. Die Kapazitäten der Weinkellereien in Bingen und Landau sowie die Spirituosenkellerei in Hamburg werden ausgebaut. Neue Einkaufskontore entstehen in Cuxhaven für Fisch, in Braunschweig für Gemüse und Konserven sowie in Kempten für Käse und Molkereiprodukte. Wochenangebote werden ins Leben gerufen und Hausfrauen-Nachmittage organisiert. Man produziert Werbefilme und intensiviert die Funk- und Anzeigenwerbung. Im April 1950 wird die EDEKA-Pensionskasse gegründet. Absolut innovativ zeigt sich EDEKA mit der Einrichtung eines eigenen Labors.

Es ist die Antwort auf neue Qualitätsbedürfnisse der Kunden und untergebracht in dem repräsentativen, 1951 gebauten EDEKA-Haus an der Hamburger Außenalster. Das neue Verwaltungsgebäude hat eine Gesamtfläche von 7.000 Quadratmetern, davon sind 4.000 Quadratmeter Büros. Die »symbolische Heimstätte« aller EDEKA-Kaufleute wird 1952 feierlich eingeweiht.
Wieder sind es die Grossisten, die die gute Stimmung durch den aufflammenden Kampf gegen EDEKA etwas dämpfen. Mit beträchtlichen Summen versucht man Genossenschaftsmitglieder zu bestechen, damit diese ihr Veto bei neuen Mitgliedsanträgen einlegen. Flugblätter werden verteilt, in denen die Grossisten die Einzelhändler vor EDEKA warnen: »Verkaufen Sie nicht um ein Linsengericht erträumter belangloser Vorteile Ihre und Ihrer Kinder Zukunft.«

Fix fertig

Rund 35 Jahre hat der Münchner Unternehmer Werner Eckart mit Kartoffeln herumexperimentiert. Erst will er mit seinem Fertigpüree Hitlers Wehrmachtssoldaten bei Laune halten. Ohne Erfolg. Den Durchbruch schafft er 1949. Und mit dem ersten Gericht aus Trockenkartoffeln wird die Marke Pfanni geboren. Aufgeregt reist Eckart zur Sühoga nach Mannheim, der ersten großen Hotel- und Gaststätten-Ausstellung nach dem Krieg. Im Gepäck hat er feine »Pfanni Knödel« in schlichten Schachteln. Seine Erfindung macht Schluss mit dem stundenlangen Schälen, Stampfen und Rühren von Kartoffeln. Die Idee kommt an und wird in den 50er Jahren zur Erfolgsstory. Ebenso wie der pfiffige Name »Pfanni«, der an »Pfanne« und »Fanni«, die bodenständig-bayerische Köchin, erinnern soll. Auch heute noch dürfen Pfanni Knödel bei der Weihnachtsgans nicht fehlen.

Der moderne EDEKA-Laden

Doch 1954 überschreitet der Gesamtumsatz der Genossenschaften erstmals die Milliarden-Grenze. Ein Viertel der Geschäfte im deutschen Lebensmitteleinzelhandel gehört zu EDEKA. 1955 werden Fruchtkontore in Bochum, Hamburg, Frankfurt und München errichtet. Eine echte Pionierleistung: Denn damit werden zum ersten Mal das Import- und Inlandsgeschäft zusammengeführt und Obst und Gemüse zentral in Eigenregie angeboten. Die Kunden legen immer mehr Wert auf gesunde Ernährung. So wird bei EDEKA 1957 eine Diätkost-Abteilung eingerichtet und ein Jahr später kommt die Eigenmarke »Wertkost« auf den Markt. Endlich haben die Kaufleute genug Geld, um ihre Läden zu modernisieren. Während sie ihre Verkaufseinrichtungen früher oft vom lokalen Tischler schreinern ließen, hören sie jetzt auf die Experten des Ausstattungsdienstes. Für finanzielle Hilfe sorgen ein Darlehen der EDEKABANK und die 1956 gegründete EDEKA Kreditgemeinschaft GmbH. Als erstes fliegen die alten schweren Holztüren raus und werden durch gläserne Schwingtüren ersetzt. Ganz innovative Kaufleute bauen sich vollautomatische Schiebetüren ein. In dem neuen EDEKA-Laden sorgt ein großes, aufgeräumtes Schaufenster für viel Licht. Die Ladenwände sind in schlichten Pastelltönen gehalten. 1959 kommen die ersten seriengefertigten Ladenmöbel auf den Markt. Den Anfang macht »edeka best«, eine Ladeneinrichtung nach dem Baukastenprinzip. Auch Kühlmöbel dürfen nicht mehr fehlen. Schließlich führt die EDEKA als erste Handelsgruppe in Deutschland Tiefkühlkost ein – ein Geschäft der Zukunft, das jedoch erst in den 60er Jahren an Fahrt gewinnt.

Pfanni Knödel sind seit den 50er Jahren beliebt

Die Zukunft ist da

Zusammen mit Coca Cola und Kaugummi schwappt nach dem Krieg ein neues Geschäftskonzept aus Amerika nach Europa: die Selbstbedienungsläden, kurz SB-Läden. EDEKA beobachtet die Entwicklung dieser Geschäfte genau. Doch zunächst ist man skeptisch. Für die vielen kleinen EDEKA-Läden, die meist knapp 40 Quadratmeter messen, ist das Modell nicht geeignet. So recht glaubt keiner an den Erfolg. Andererseits wächst die Konkurrenz. Die Kaufleute stellen fest, dass die Personalkosten ganz erheblich zu Buche schlagen. Das Zauberwort heißt Rationalisierung. Außerdem sorgen die SB-Läden für einen schnellen Warenstrom und dadurch für einen erhöhten Umsatz bei geringeren Kosten. Mehr als dreimal so viel Geld soll durch das neue Geschäftsmodell in die Kassen fließen, so errechnen Experten. 1953 wagt EDEKA das Experiment mit einem 300 Quadratmeter großen SB-Geschäft in Saarbrücken. Es ist mit einer großen Kühlanlage ausgestattet und verfügt über fünf moderne Registrierkassen. Das Konzept kommt an. Innerhalb weniger Tage kaufen 8.500 Kunden hier ein. »Die lästige Empfehlung des Verkäufers, das neugierige Auge des Nachbarn, das langweilige Warten stehenden Fußes vor der Theke, alles das entfällt«, heißt es. Die neue Verkaufsmethode fördert den Umlauf von vorverpackter Ware. Die EDEKA ZENTRALE finanziert 150 Vorverpackungsmaschinen und stellt sie den Genossenschaften zur Verfügung. Trotzdem verläuft die Entwicklung von SB-Läden schleppend. Von den rund 40.500 Geschäften der EDEKA sind 1958 etwa 7.000 SB- oder Teil-SB-Läden. Der große Boom folgt erst in den 60er Jahren.

Am Ende des Jahrzehnts steht EDEKA glänzend da. Mit 43.000 Geschäften ist sie unbestritten die Nummer eins auf dem deutschen Markt. Im Verfolgerfeld liegt der Wettbewerber Rewe mit 14.000 Läden weit zurück. Auch der Umsatz kann sich sehen lassen: Er wächst in zehn Jahren von 628 Millionen Mark auf über zwei Milliarden Mark.

Magnetische Wirkung
auf Kunden dank edeka best

edeka best

1960 bis 1969

EDEKA kann man nicht beschreiben, EDEKA muß man erleben – täglich neu und hoffentlich auch die nächsten 100 Jahre!

Oliver Czaikowski, geboren am 30.05.1967

1960 bis 1969

EDEKA kann man nicht beschreiben, EDEKA muß man erleben – täglich neu und hoffentlich auch die nächsten 100 Jahre!

Oliver Czaikowski, geboren am 30.05.1967

Provokant: Frauen tragen kurze Röcke und Kleider

Stilikonen: Die Beatles sind mit ihrer Musik und Frisur Vorbilder für eine Generation

Das stürmische Jahrzehnt

Die wilden 60er sind eine Dekade des Umbruchs. Politische und sexuelle Revolutionen erschüttern das Bürgertum. Deutschland wird geteilt. EDEKA muss sich gegen den zunehmenden Wettbewerb der Discounter wappnen.

Am Anfang ist es wie die Ruhe vor dem Sturm. Die Deutschen rutschen zufrieden in die 60er Jahre, ohne zu ahnen, dass sie diese Dekade von ihrem gemütlichen Plüschsofa reißen wird. Dass politische und sexuelle Revolutionen ihre Spießbürgerlichkeit erschüttern werden und am Ende ein freierer Geist durch Deutschland wehen wird. Auch durch den Lebensmitteleinzelhandel bläst ein kräftiger neuer Wind und rüttelt an den Türen der knapp 43.000 EDEKA-Läden. Rationalisierung lautet das Stichwort. Sie ist die Antwort der EDEKAner auf eine rasant wachsende Bedrohung, die anfangs noch unterschätzt wird – die »Discounter«.

»Sex, Drugs and Rock'n'Roll« lautet der Schlachtruf der Jugend. Protest ist ihre stärkste Waffe. Die Mädchen tragen Miniröcke und Bikini. Die Jungs lassen sich wie die »Pilzköpfe« der Beatles die Haare lang wachsen. Die Antibabypille kommt auf den Markt. Mit »I Can't Get No Satisfaction« werden die Rolling Stones zum Sprachrohr ihrer Generation. »Der Flirt mit dem Wahnsinn«, sprich Drogen, verschafft anfangs ungeahnte Bewusstseinserweiterungen, endet aber später oft in Abhängigkeit. Doch nicht nur die Jugend will Neuland erobern. Eine halbe Milliarde Menschen weltweit verfolgen in der Nacht vom 21. Juli 1969 live am Fernsehen die ersten Schritte von Neil Armstrong und Edwin »Buzz« Aldrin auf dem Mond.

Mit dem Bau der Mauer im August 1961 senkt sich ein Teil des Eisernen Vorhangs über Deutschland und reißt Brüder und Schwestern auseinander. Ein Jahr später zittert die Menschheit 15 Tage lang während der Kuba-Krise zwischen den Amerikanern und den Sowjets vor einem Atomkrieg. Rassentumulte in den USA finden ihren Höhepunkt in der Ermordung von Bürgerrechtler Martin Luther King 1968. Im selben Jahr kassiert Bundeskanzler Kurt Georg Kiesinger öffentlich eine schallende Ohrfeige. Die Täterin will damit auf Kiesingers Nazivergangenheit aufmerksam machen. Gleichzeitig sorgt das sinnlose Abschlachten von Soldaten und Zivilisten in Vietnam weltweit für heftige Studentenproteste.

EDEKA-Meilensteine

- **1964** EDEKA beginnt mit der elektronischen Datenverarbeitung im Großhandel
- **1967** Erich H. Diederichs wird neuer Verbandsdirektor der EDEKA
- **1968** Die EDEKA Betriebsberatungs GmbH wird ins Leben gerufen
- **1969** Unter dem Markennamen EUCO wird ein eigenes Tiefkühl-Sortiment eingeführt

Selbstbedienung: der letzte Schrei aus den USA

Begehrt: Die Gemüsepaprika erobert deutsche Regale

Exotisch: Ende der 60er Jahre kommt die Avocado von Israel in die Bundesrepublik

SB – selbst ist die Frau

Gleich zu Beginn des neuen Jahrzehnts zieht es die EDEKA-Kaufleute zu Studienzwecken in die USA, Schweiz, nach Schweden und Großbritannien. Dort saugen sie alle Informationen rund um das noch recht neue Ladenkonzept der Selbstbedienung auf.

Wirtschaftlich ist EDEKA gut gerüstet für den Wandel. Gegenüber dem Vorjahr verbucht die Gruppe 1960 ein Umsatzwachstum von 13,5 Prozent. Ein Jahr später meldet sie stolz ein Plus von 32 Prozent und eine Million Mark Mehrumsatz pro Tag!

EDEKA wird zur größten Einkaufsgemeinschaft Europas. 40.670 Kaufleute führen 1960 rund 43.000 Ladengeschäfte. In den nächsten drei Jahren kommen weitere 600 Läden dazu. Ein neues Zeitalter hat begonnen. In der handelsrundschau vom Januar 1961 heißt es: »Der ›Tante-Emma-Laden‹ der Vergangenheit hat in den 60er Jahren unseres Jahrhunderts nirgends mehr eine Zukunft, nicht in den Vorstadtstraßen, nicht draußen auf dem flachen Lande und ganz und gar nicht in der City.« Die Läden werden immer größer. Die wachsende Kaufkraft und höheren Ansprüche des Kunden führen zu einer Ausweitung der Sortimente. Frischfleisch wird neu aufgenommen. Geflügel aus den USA findet reißenden Absatz – der Verzehr hat sich in vier Jahren verdreifacht. EDEKA scheut keine Mühe, den Einzelhändlern die frischen Waren schnellstmöglich zu liefern. 1967 organisiert die Zentrale eine »Tomatenluftbrücke« von Bulgarien nach Soltau. 2.000 Kisten, die sonst 20 Tage brauchen würden, werden mit einer viermotorigen »Iljuschin II-18« eingeflogen.

Beschwingt: Hintergrundmusik erhöht den Umsatz

Fertiggerichte und Tiefkühlkost auf dem Vormarsch

Deutsche Frauen möchten nicht mehr so lange in der Küche stehen. Sie nutzen die Stunden lieber für Freizeit, Familie und die schönen Dinge im Leben. Insbesondere die zehn Millionen arbeitenden Hausfrauen in Deutschland sehen das so.

Der 1953 wieder gegründete EDEKA Ausstattungsdienst bietet Ladeneinrichtungen »von der Stange«. Das Baukastensystem für den SB-Laden heißt »edeka best«. In nur 21 Tagen ist der EDEKA-Montageladen mit 200 Quadratmetern Nutzfläche fertig. Broschüren informieren den Händler über die richtigen Regale, die Farbauswahl an den Wänden und Fußböden, die beste Beleuchtung und Aufbereitung der Ladenfassade. Sogar die Hintergrundmusik im Geschäft wird analysiert. Experten raten ab von Beethovens »Pastorale« oder den Beatles. Zu aufdringlich, so die Meinung.

Zeitlos

Diese noch heute beliebten Marken entstehen:

1962 Philadelphia
1963 Sunkist
1965 Nutella
1967 Kinder Schokolade
1968 Ferrero Küsschen

Der neueste Renner: Automatenstraßen

Wuchtige Bedientheken sind passé, die Läden werden in einer aparten Kombination aus Holz- und Metallmobiliar schick gemacht. Automaten – für Zigaretten, aber auch Getränke oder Essen – sind groß im Kommen. Doch die hohen Investitionskosten für neue Ladenmöbel, automatische Registrierkassen, Tiefkühlmöbel und Lagerhaltung setzen die Kaufleute unter Druck. Die Umsätze müssen deutlich steigen, um die Kosten zu kompensieren und wettbewerbsfähig zu bleiben. Andererseits spart das SB-Modell jedoch auch kräftig Personalkosten. Dennoch kommen 1964 nur 17 Prozent aller EDEKA-Kaufleute auf mehr als 250.000 Mark Umsatz.

Die Pfeiler der EDEKA

Für den Erfolg bauen die EDEKAner zwei wichtige Pfeiler weiter aus: Service und Qualität. Die EDEKA ZENTRALE bietet den Kaufleuten viele Fortbildungskurse über Neuheiten wie Tiefkühlkost oder Frischfleisch an. Auch die Lagerwirtschaft und Logistik wird der Zukunft angepasst. Gabelstapler, Hubwagen, Förderbänder, Paletten, Stapelregal und 1963 EDEKAs erster LKW mit hydraulischer Ladebordwand erleichtern die Arbeit. Die Fuhrparkkapazitäten werden enorm erhöht, die Personalkosten drastisch minimiert. Die Bearbeitungen der eingegangenen Bestellungen werden modernisiert, neue elektrische Fakturierungsmaschinen durch Systeme von Artikelnummern ergänzt, dann durch den Einsatz von Lochkartensystemen und EDV ersetzt. EDEKA schließt als eines der ersten deutschen Unternehmen einen Vertrag mit IBM ab.

SB-Läden schießen wie Pilze aus dem Boden. 1964 ist fast jedes dritte Lebensmitteleinzelhandelsgeschäft in der Republik ein Selbstbedienungsladen. In 14 europäischen Ländern hat sich die Zahl der SB-Läden von 1957 bis 1964 um 50 Prozent auf 92.000 Geschäfte erhöht.

Zeitalter der Technik: EDV-Zentren werden gegründet

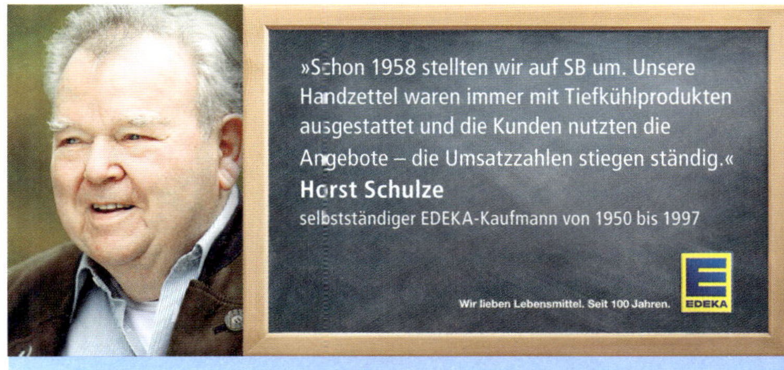

Tiefkühlkost – das Geschäft der Zukunft

Sie ist der Lebensmittelstar der 60er Jahre: die Tiefkühlkost. In Deutschland wurde sie zwar zum ersten Mal 1955 auf der Lebensmittelmesse Anuga vorgestellt, doch der echte Durchbruch gelingt ihr erst später. 1961 läuft in Schweden die »Polar Reefer«, das erste Tiefkühlschiff der Welt, vom Stapel. Zur selben Zeit führen 14.000 EDEKA-Kaufleute Tiefkühlkost im Sortiment. Viele schrecken noch vor den hohen Investitionskosten zurück. Sie befürchten, dass Tiefkühlung von anderen Methoden der Konservierung in kürzester Zeit abgelöst werden könnte und die Investition umsonst wäre. Die Zeitungen titeln »Tiefkühlkost – das Geschäft der Zukunft«. Kein Wunder, bietet sie doch für den Kunden viele Vorteile. Sie ist saisonunabhängig und gesünder dank der hohen Nährwert- und Vitaminerhaltung. Man kann sie schnell und leicht zubereiten. Das freut die Hausfrau, denn die Zeit für lästiges Gemüseputzen nutzt sie gerne für andere Dinge. 1964 verkaufen EDEKA-Kaufleute Tiefkühlkost im Wert von 119 Millionen Mark, 1965 sind es bereits 150 Millionen Mark und 1966 knapp 200 Millionen Mark. Die Zahl der Tiefkühl-Lagerräume erhöht sich von 1964 mit 137 auf 189 im Jahr 1965. Das beliebteste Produkt ist Geflügel, gefolgt von Fleisch, Eiskrem, Gemüse, Obst und Fisch. Die Kinder stehen besonders auf Fischstäbchen – das ist noch heute so. Übrigens: EDEKA startet als erstes Handelsunternehmen 1969 mit einem eigenen, erfolgreichen Tiefkühlsortiment namens EUCO. Heute führt die Gruppe 1.000 Tiefkühlartikel, davon gehören 250 zu Eigenmarken.

Mittelmeerflair

In Deutschlands Küchen riecht es immer mehr nach Mittelmeer. Beliebtestes Reiseziel in den 60er Jahren sind die Strände Italiens. Zurück aus dem Urlaub, wollen die Deutschen sich etwas von dem Zauber bewahren und suchen im Supermarkt nach Pizza und Pasta. Auch die vielen Gastarbeiter, die meisten stammen aus dem Mittelmeerraum, greifen nach den Produkten ihrer Heimat.

Oben links: der Pastaklassiker Spaghetti Napoli
Oben rechts: deutsche Urlauber an Italiens Riviera
Unten links: Der millionste Gastarbeiter erhält als Begrüßungsgeschenk ein Moped
Unten: italienische Produkte für den deutschen Markt

Reiselust: Viele Deutsche fahren wie hier in Hamburg mit dem Zug ans Mittelmeer

Urlaubsgefühle: Auch zu Hause bei EDEKA gibt es immer mehr Speisen aus Südeuropa

Heile Welt und Reisewelle

Die Wirtschaft boomt, die Arbeitslosigkeit in Deutschland ist auf einem Rekordtief, die Löhne steigen. Zwischen 1955 und 1966 hat sich der Bruttoverdienst von Arbeitnehmern mehr als verdoppelt. Firmenchefs müssen wegen fehlender Arbeitskräfte auf Teilzeitbeschäftigte ausweichen. Selbst Lehrlinge sind Mangelware.

Blickfang: Der Bikini erobert die Strände Europas

Die Deutschen sehen optimistisch in die Zukunft. Man kann sich wieder etwas leisten. Das erste Auto, einen Fernseher, Kühlschrank oder sogar den großen Traum vom eigenen Heim. Wer in den Urlaub will, den zieht es nach Südeuropa.

Den Käfer voll gepackt bis unters Dach kämpfen sich Tausende in den Sommerferien den Brenner-Pass hoch. Ihre Kleider haben sie in Pappkartons verstaut, denn sie wollen zwar ein paar Wochen Urlaub machen, doch noch fehlt vielen das Geld für Koffer. Darum schmuggeln sie auch heimlich Schwarzbrot mit Käse oder Wurst belegt in Kühltaschen aufs Hotelzimmer. Die hübschen, deutschen Mädchen verdrehen den jungen Italienern auf ihren Vespas den Kopf. Doch genau wie 1962 in der westfälischen Kleinstadt Mettingen wird auch an vielen Stränden Italiens und Spaniens der Itsy Bitsy Teenie Weenie Honolulu Strandbikini verboten. Begründung der Sittenwächter: Die Badebekleidung sei unmoralisch.

Kochen wie bei Mamma

Zurück daheim packen die Deutschen neben den leeren Chianti-Korbflaschen, die sie mit einer Kerze versehen in ihre Hobbykeller stellen, auch die Lust auf Pizza und Pasta aus. Längst hat die deutsche Lebensmittelbranche darauf reagiert. Immer mehr Pasta- und Pizzagerichte finden sich in den Supermarkt-Regalen. So können die Verbraucher bereits 1961 bei flackerndem Kerzenschein Mirácoli-Spaghetti essen und von Capri träumen.

EDEKA-Kaufleute erkennen die Marketing-Strategie, gezielt auf das Italien-Fernweh der Kunden zu setzen. Der EDEKAner Engelhardt geht mit gutem Beispiel voran: Drei Tage lang schmückt er seinen Laden in dem kleinen Bergarbeiterstädtchen Selm mit Chianti, Salami, Tomaten und Parmesankäse. Vom Tonband läuft italienische Musik. An der Wand hängt ein Italienposter, das er sich beim Reisebüro nebenan geborgt hat. Doch das Beste: Die Preise werden in Lire ausgezeichnet (Basis 100 Lire = 65 Pfennig)!

Gastarbeiter – der vergessene Kunde

Wegen des chronischen Mangels an Arbeitskräften in Deutschland wirbt die Regierung seit 1955 Gastarbeiter aus dem Ausland an. Sie kommen hauptsächlich aus Italien, aber auch aus

Spanien, Portugal, Griechenland, der Türkei oder Jugoslawien. Gerne übernehmen sie die Arbeiten, die die Deutschen nicht mehr machen wollen, wie im Baugewerbe oder der Eisen- und Metallerzeugung. Schließlich bekommen sie genauso viel Geld wie die einheimischen Arbeiter. 1966 gibt es bereits 1,2 Millionen Gastarbeiter in Deutschland (rund vier Prozent aller Beschäftigten) und trotzdem stehen noch 700.000 Arbeitsstellen offen. Die handelsrundschau schreibt, dass »diese Menschen für die industrielle Weiterentwicklung unseres Landes unbedingt notwendig sind, wenn die Lohnkosten als Folge des chronisch knappen Angebots an Arbeitskräften nicht noch weiter steigen sollen«. Schnell erkennen die EDEKAner die Gastarbeiter als ernst zu nehmende Käufer, als »vergessene Kunden«, die dem Handel über eine Milliarde Mark Mehrumsatz bringen können. Flugblätter und Poster in italienischer oder spanischer Sprache werden verteilt. Zusätzlich bringt der EDEKA Verlag Einkaufsführer auf Spanisch-Deutsch oder Italienisch-Deutsch für 50 Pfennig heraus. Darin sind 600 Artikel aus dem Sortiment aufgeführt. Die handelsrundschau rät den Kaufleuten, die »feinfühligen« Gastarbeiter mit »Signor« oder »Signora« anzusprechen. Über das Kaufverhalten heißt es unter anderem, »verlangt werden … in erstaunlichem Ausmaß Waren im Damenoberbekleidungssektor, die vorzugsweise nach Hause verschickt werden«. Auch eine kleine Warnung wird den Kaufleuten ans Herz gelegt: »Die Erfahrung hat gezeigt, dass eine gewisse Vorsicht bei der Abrechnung der Einkäufe am Platze ist. Grundsätzlich sollten nur Bargeldgeschäfte getätigt und der Geldrückgabe besondere Beachtung geschenkt werden.« Dann beeilt sich der Autor durchaus – politisch korrekt – hinzuzufügen, dass man dies jedoch nicht überbewerten solle. »Denn Unregelmäßigkeiten in dieser Richtung kommen genauso häufig bei deutschen Kunden vor.« Manche Gastarbeiter werden auch EDEKA-Kaufleute, wie zum Beispiel der Spanier Jesus Sanchez. Er pachtet 1964 ein kleines Geschäft in Alsdorf, das bei Gastarbeitern aller Nationalitäten sehr beliebt ist.

Und Action …

Auch in den 60er Jahren setzt EDEKA weiterhin auf Werbung. 1965 wird die EDEKA-Schleife durch das Block-E und den Schriftzug EDEKA ersetzt. Drei Jahre später gründet die Genossenschaft zusammen mit der finnischen Schwesterorganisation KESKO in Helsinki und deren Tochtergesellschaft MK-Mainos die MK-Werbe GmbH als Tochtergesellschaft der EDEKA ZENTRALE. Diese Werbeagentur ist fortan für die konzeptionelle Gestaltung der nationalen EDEKA-Gemeinschaftswerbung verantwortlich. Bald schon rollen Busse mit der EDEKA-Aufschrift durch Deutschland und ein Flugzeug zieht das blau-gelbe Banner. Ein Highlight anderer Art: Im Winter 1965 ist der EDEKA-Laden von Kaufmann Günther Otto in Lübeck Kulisse für einen Fernsehkrimi. Mit dem ersten, für 43 Millionen Mark nach US-Vorbildern gebauten Einkaufszentrum in Sulzbach beginnt sich das Kaufverhalten der Deutschen grundlegend zu ändern. Wie wichtig Werbung ist, wird ab 1964 noch deutlicher.

Die Kleinen lieben Spaghetti mit Tomatensauce

Das Warenangebot in den EDEKA-Märkten steigt stetig

Wunderbar

»Einmal wieder wie im Süden essen«, lautet der Werbeslogan für das erste Komplettgericht, das Anfang 1961 in die Regale der EDEKA-Märkte kommt. Und auch heute kennt es noch jeder: Mirácoli (von Miracolo – italienisch für Wunder) der Firma Kraft. Ein Kindergeburtstag ohne dieses leckere Spaghettigericht mit der verführerischen Tomatengewürzsauce ist kaum vorstellbar. Mama liebt es, weil in jeder kleinen Packung alle Zutaten vorhanden und ganz schnell zuzubereiten sind. Der Erfolg ist garantiert. Über 100 Kochversuche benötigen die Produktentwickler damals, bis sie endlich die richtige Nudel für das Produkt gefunden haben: Sieger ist die italienische Hartweizennudel. Gleichzeitig wird ein neues Abfüllverfahren für Tomatenmark entwickelt. Doch das Geheimnis des Mirácoli-Erfolges, des ersten Trockenfertiggerichtes, steckt auch heute noch in dem kleinen Beutel mit der »unnachahmlichen« Würzmischung.

Ausgegrenzt: Stacheldraht zwischen den Berlinern

Klammheimlich: Eine Frau aus dem Ostsektor versteckt ihre Einkäufe

Ungewöhnlich: ein HO-Laden 1956 in Stollberg in der DDR mit vollen Regalen

Extrablatt

BERLINER MORGENPOST

Ost-Berlin ist abgeriegelt

S- und U-Bahn unterbrochen

An allen Sektorengrenzen Stacheldraht – Straßensperren

Volksarmee rund um Berlin

Der Bau der Mauer …

… reißt nicht nur Menschen auseinander, sondern auch eine tiefe Wunde in die Genossenschaften der EDEKA. Schließlich verfestigt er die bereits bestehende Teilung Deutschlands.

Es sind dramatische Szenen, die sich im August 1961 in Berlin abspielen. Die Nationale Volksarmee riegelt den Ostsektor mit Stacheldraht ab und errichtet eine Mauer. An der Bernauer Straße springen Menschen in letzter Minute aus dem Fenster mehrere Meter in die Tiefe. Sie wollen sich retten. Familien werden auseinander gerissen, manche sehen ihre Angehörigen nie wieder. Die EDEKA-Kaufleute an der Grenze müssen dicht machen.

Doch das Drama beginnt schon 14 Jahre früher – im Sommer 1947. Deutschland wird in Ost und West geteilt. Über 40 Jahre heißt es jetzt: ein Volk, zwei Regierungen. Im Westen die Bundesrepublik, im Osten die Deutsche Demokratische Republik (DDR). 5.000 Kaufleute, 90 Großhandelsbetriebe und 125 Genossenschaften der EDEKA befinden sich zu diesem Zeitpunkt auf dem Gebiet der DDR. Für sie beginnt eine harte Zeit. Bereits 1947 ruft die Zentrale zu Spenden auf, um den Kollegen im Osten zu helfen. Stolze 250.000 Reichsmark kommen zusammen. Viele Kollegen im Westen packen Geschenkpakete und schicken sie nach drüben. Ende 1948 wird die staatliche Handelsorganisation (HO) gegründet. Sie soll als direkter Vertragspartner der volkseigenen Industrie den privaten Großhandel ablösen. Den EDEKA-Genossenschaften auf DDR-Gebiet wird ein Pacht- oder Kommissionsvertrag angeboten, der aber meist kurz darauf wieder gekündigt wird. Allein 1951/52 müssen 25 EDEKA-Genossenschaften schließen. In Duderstadt verlieren die Kollegen die Hälfte ihres Einzugsgebietes.

Das größte Problem der Kaufleute ist die Beschaffung von Ware. Es gibt fast nichts. Besonders der HO-Kommissionshandel, eine Geschäftsform des privaten Handels vieler EDEKAner in der DDR, wird als Letzter beliefert. Die Regale werden mit Schnaps gefüllt – um überhaupt etwas anbieten zu können. Die Händler können die Ware auch nicht direkt vom Erzeuger kaufen. Die meisten Hersteller bekommen vom Staat viel mehr Geld, als ihnen private Kaufleute bieten können. So besorgen sich Bauern zum Beispiel Eier für wenig Geld in den HO-Läden, um sie dann für das Doppelte an den Staat zu verkaufen. Neben den alltäglichen behördlichen Schikanen lassen die hohen Steuern dem Händler nur geringe Gewinnmargen. Es reicht meist so eben zum Leben.

Ab 1952 dürfen die Produkte volkseigener Betriebe nicht mehr direkt an den privaten Handel abgegeben werden. Die EDEKA-Genossenschaften im Osten, darunter viele mit historischen Gründernamen aus Leipzig und Chemnitz, sind klinisch tot.

Leckerbissen

»Isch hätt' gern 'nen Broiler!«, sagt der Ostdeutsche, wenn er sich am Imbiss, der sogenannten Broilerbar, ein schönes saftiges Brathähnchen bestellen will. Ab 1961 ist dieses Gericht der absolute Renner im Osten. Und das, obwohl der Broiler eigentlich ein US-Import ist und der Name sich vom englischen »to broil« – braten, grillen ableitet. Zu Werbezwecken wird aus dem normalen Broiler bald der DDR-Goldbroiler. Der Volksmund degradiert ihn schon bald zum »Silber«- oder gar »Bronzebroiler«.

Bald zählt für den EDEKAner nur noch der Preis als Hauptverkaufsargument

Bei den EDEKA-Preisen muss man zugreifen

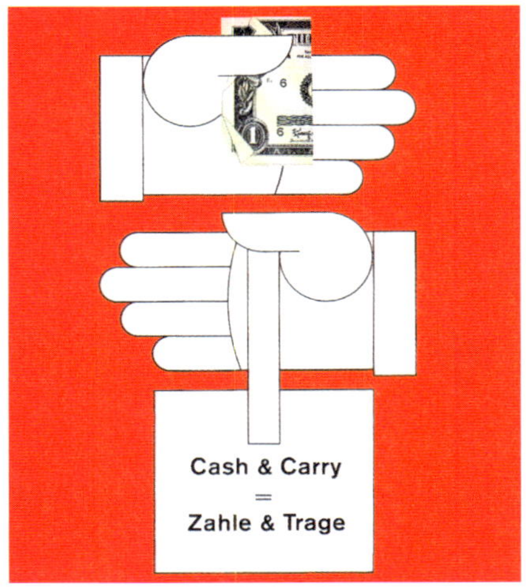

1967 verfügt EDEKA über fast 70 große C&C-Märkte

Discount oder Grauer Markt

Ob Grauer Markt, Cash & Carry oder Discount: Die Namensvielfalt kann nicht darüber hinwegtäuschen, dass sich ein neuer Trend abzeichnet. Billiger Einkauf ohne Service – alsbald schwappt die amerikanische Idee in die Alte Welt über.

Als die ersten Vorläufer der großen Discount-Welle Ende der 50er Jahre von Amerika nach Deutschland kommen, werden sie nicht weiter ernst genommen. Dem Prinzip des billigen Einkaufs ohne Service und schmuckem Ambiente traut man anfangs keine Erfolgschancen zu. Ein fataler Fehler. Denn schon 1960 gehen dem deutschen Einzelhandel schätzungsweise 10 bis 12 Milliarden Mark Umsatz an die Discounter verloren.

Das schmerzt die EDEKAner sehr. Ähnlich wie der »Schwarze Markt« früher. Nur dass die Ursache diesmal nicht der Warenmangel, sondern der Warenüberfluss ist. Ein neuer Feind ist geboren. So liest sich der Bericht über den »Grauen Markt« in der handelsrundschau von 1961 wie ein Krimi. Von »verkrachten Existenzen« und »zwielichtigen Institutionen« ist da die Rede, »die in einem soliden Beruf Schiffbruch erlitten haben und jetzt wie die leibhaftigen Brüder des ›Hans Dampf in allen Gassen‹ einmal hier und einmal dort ›abzukochen‹ versuchen«. Empört fordern die Kaufleute das Eingreifen der Politiker, um den »Wildwest-Manieren in der deutschen Wirtschaft« Einhalt zu gebieten. Es hagelt Klagen wegen Verstößen gegen die Gesetze zum unlauteren Wettbewerb, zur Rabatt- und Preisbindung. Die »Keimzelle« des »Grauen Marktes« befindet sich im Großraum Hannover. Hier bildet sich eine so genannte »Selbsthilfeorganisation der Arbeiter, Angestellten und Beamten«, kurz SODAAB, die über besondere Beziehungen zur Industrie verfügt. Für nur 50 Pfennig Monatsbeitrag kann man einen Mitgliedsausweis bekommen und damit billig beim Großhandel einkaufen – ohne die Preisbindung zu beachten. Das kommt an, überraschenderweise besonders bei den Besserverdienenden. Angeblich kauft jeder vierte Deutsche ab und an auf dem »Grauen Markt«. 1961 hat die SODAAB bereits 40.000 Mitglieder.

Die Bedrohung wächst weiter

Doch einige Lebensmitteleinzelhändler verbünden sich mit dem Feind und sorgen für noch mehr böses Blut. 1963 errichtet die Firma Terfloth & Snoek in Münster einen so genannten Ratio-Markt (lateinisch für Klugheit, Verstand) mit 3.000 Quadratmetern Verkaufsfläche. Über 6.000 Artikel – von Bekleidung bis zu Uhren und Schmuck, von Haushaltswaren bis zu Möbeln, aber auch Nähmaschinen, Fahrräder, Fernseher und Bücher – sind im Angebot. Lebensmittelhändler werden angehalten, ihre Kunden an dieses Non-Food-Lagerhaus zu verweisen. Die Kunden sind zufrieden, denn sie bekommen die Ware, die sie beim Lebensmitteleinzelhändler nicht

Günstig

Die meisten Deutschen glauben, dass die Aldi-Geschäfte ein Kind der 60er Jahre sind. Falsch! Das Handelsunternehmen der Brüder Karl und Theo Albrecht wird bereits 1913 von den Eltern gegründet. Die beiden Brüder übernehmen erst nach dem zweiten Weltkrieg das kleine Lebensmittelgeschäft (35 Quadratmeter) in Essen. Bereits 1950 haben sie 13 Geschäfte, zehn Jahre später sind es schon 300 mit einem Umsatz von 90 Millionen Mark. Der Name Aldi ist eine Abkürzung von **AL**brecht-**DI**scount.

Sehr erfolgreich: die Discounterkonkurrenz von Aldi

Voll im Trend: die EDEKA-C&C-Märkte

finden. Und der Händler bekommt für die Vermittlung von Einkaufsausweisen an Verbraucher eine Umsatzprovision von 4 Prozent. Schnell ist von »Schlepperdiensten« die Rede. Sogar Zeitungen animieren ihre Leser, in C&C-Märkten zu kaufen, da sie dort die Ware im Schnitt 33 Prozent günstiger bekommen. Die Eisenwaren- und Hausrathändler werden 1964 von ihrem Verband aufgefordert, Lebensmittel in ihr Sortiment aufzunehmen, um sich gegen die »Schlepperdienste« zu wehren. Der Preiskrieg ist in vollem Gang.

Neue Marktkonzepte aus den USA

Die Warenhäuser Karstadt und Horten unterbieten die Ratio-Preise. Da kann selbst der tüchtigste Einzelhändler nicht mehr Schritt halten. Auch andere Firmen, wie ein Textilgroßhändler in München, fordern Kaufleute der verschiedensten Branchen auf, Stammkunden an sie zu verweisen – für alle Käufe würden 5 Prozent Provision gutgeschrieben. 1962 gibt es in Deutschland zwischen 1.200 und 1.500 Discount-Häuser mit Verkaufsflächen von 20 bis 1.500 Quadratmetern. 80 Prozent aller Läden liegen über 100, 5 Prozent über 200 Quadratmetern. Der Durchschnittsumsatz je Quadratmeter beträgt 16.000 bis 18.000 Mark (im traditionellen Lebensmittel-Einzelhandel sind es 5.430 Mark, im SB-Laden 8.230 Mark). Doch im Laufe der Jahre verschiebt sich der Trend zu mehr Groß-Discountern: 1968 haben 45 Prozent der Discount-Betriebe eine Verkaufsfläche von 5.000 Quadratmetern und mehr. Die Branche reagiert. Die Aldi-Brüder haben 1967 um die 300 Filialen. Tengelmann steckt Millionenbeträge in so genannte »Grosso-Verbrauchermärkte«. Und auch EDEKA investiert. 1963 verfügt die Gruppe über 13 C&C-Märkte, damals noch Läger genannt, 1965 sind es schon 27 und Ende 1967 fast 70 Betriebe. 1963 bringt die EDEKA ZENTRALE ein eigenes Niedrigpreis-Sortiment heraus, unterstützt von umfangreichen Werbeaktionen in Funk, Fernsehen und Printmedien. Die Kampfartikel laufen unter dem Namen Elbingo (bei Erzeugnissen der EDEKA Import) und Delta (von der EDEKA ZENTRALE angeboten). Mit reduzierten Preisen auf gängige Artikel wie Dosenmilch, Reis oder Teigwaren bringt EDEKA dem Verbraucher 1964 eine Ersparnis von 2,5 Millionen Mark. Als weitere Waffe gegen die Discounter führen einige EDEKA-Kaufleute in den 60er Jahren Rabattmarken ein, die bei den Hausfrauen zu der Zeit noch immer sehr begehrt sind. Ende 1964 werden Marken im Wert von 168,5 Millionen Mark eingelöst. 1967 entwickelt EDEKA vier Markt-Konzepte:

– das voll sortierte EDEKA SB-Geschäft mit einer Verkaufsfläche von 150 bis 400 Quadratmetern und einem breiten Angebot an Lebensmitteln einschließlich Frischwaren

– Discount-Supermärkte, die auf rund 500 Quadratmetern Verkaufsfläche ein begrenztes Niedrigpreissortiment ohne Frischwaren offerieren

– so genannte Delta-Märkte, die auf ca. 800 bis 1.300 Quadratmetern sowohl Lebensmittel als auch Non-Food-Artikel führen

– Lebensmittelabteilungen in Verbrauchermärkten, wo auf mehr als 1.000 Quadratmetern Verkaufsfläche ein breites Angebot von 3 - 4.000 Artikeln inklusive Frischwaren zu bekommen ist.

Kurz & Gut

1965 wird die EDEKA-Schleife vom ersten Block-E abgelöst

EUCO-Tiefkühlkost ist heiß begehrt

Seit Ende der 50er gibt es Streichhölzer mit lustigen EDEKA-Werbemotiven

In den 60ern wird Fernsehreklame immer wichtiger

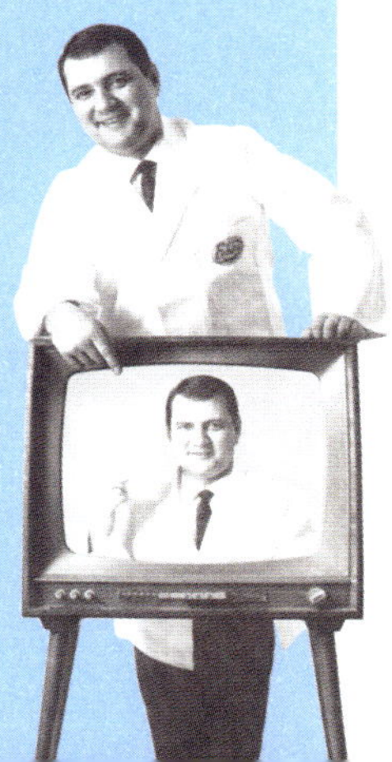

Die Menschen versuchen sich irgendwie zu retten

Am Morgen wird das Ausmaß der Katastrophe sichtbar

In der Hamburger Fährstraße sind die Spuren der Flut noch deutlich zu sehen

»Help! I Need Somebody ...«

Die Katastrophe kommt über Nacht. Sie erwischt die ahnungslosen Menschen im Schlaf und raubt 315 Hamburgern das Leben. Die Sturmflut im Februar 1962. 60.000 Bürger sind tagelang bei eiskalten Temperaturen vom Wasser eingeschlossen.

Auch über 200 EDEKAner werden vom Wasser überrascht. Die handelsrundschau vergleicht das Ausmaß der Zerstörung mit einem Bombenangriff. »Vor einer gespenstisch anmutenden Kulisse aus geborstenen Häusern, aufgewühlten Straßen, verwüsteten Gärten« stehen viele EDEKA-Kaufleute kniehoch im Wasser. Ihre Geschäfte samt den Warenvorräten sind vernichtet. Bereits kurz nach der Katastrophe versucht EDEKA Lebensmittel per Hubschrauber oder LKW zu den betroffenen Menschen zu bringen. Die EDEKA-Kaufleute richten schnell einen Notverkauf ein. Die EDEKA-Zentralorganisation ruft die Genossenschaften und alle Mitglieder zu Spendenbeiträgen auf.

Auch bei der Elbeflut im Sommer 2002, von der 52 EDEKA-Geschäfte betroffen sind, hilft EDEKA umgehend. LKW-weise versorgt sie die Flutopfer und Helfer kostenlos mit Mineralwasser, »Care-Beuteln« voller Lebensmittel und mit dringend benötigten Dingen wie Sandsäcken oder Einweggeschirr. Täglich verteilen die Großhandelsbetriebe frischgebackene Brötchen, gebratene Würstchen und Fleischkonserven. Betroffene erhalten Warengutscheine und Lebensmittel im Wert von über einer Million Euro. Die EDEKA-Märkte, die noch heil sind, werden mit Notstromaggregaten und Lüftungsgeräten versorgt.

Unverzüglich und unbürokratisch – das ist die Hilfe der EDEKA. 1949 sammelt EDEKA 10.500 Mark und spendet sie der Stadt Prüm in der Eifel. Der Ort wurde durch die Explosion eines französischen Munitionslagers komplett zerstört. Seit April 1950 gibt es die »Dr. Paul König-Stiftung«, die 1999 in EDEKA Stiftung umbenannt wird. Sie hilft »unverschuldet in Not geratenen bedürftigen« Mitarbeitern und Kaufleuten oder ihren Hinterbliebenen. Spenden von EDEKAnern laufen in dieser Stiftung zusammen. So bekommen zum Beispiel Kinder von EDEKAnern, die Waisen geworden sind, finanzielle Unterstützung. Während des Schneechaos von 1978/79 versorgt EDEKA eingeschlossene Bürger per Hubschrauber mit Lebensmitteln. Nach dem Tschernobyl-Unglück in der Sowjetunion unterstützt die Gruppe strahlenverseuchte Kinder. Generell finanzieren EDEKAner seit vielen Jahren die medizinische Versorgung von leukämiekranken Kindern. Für den Aufbau nach der Tsunami-Katastrophe in Südostasien im Winter 2004 sammeln die Kaufleute 1,3 Millionen Euro. Manch ein EDEKAner nimmt die Hilfe komplett in die eigenen Hände. Wie zum Beispiel der Kaufmann Carlo Schreiner. Er sammelt 1965 mehr als 60.000 Mark für die Aktion Sorgenkind.

Zwei EDEKAner zeigen, wie hoch das Wasser stand

Für die Tsunami-Opfer kommen 1,3 Mio. Euro zusammen

Kniehoch im Schlamm

Der Prießnitztal-Damm bricht gegen 17 Uhr. An diesem Montagnachmittag, 12. August 2002, rollt eine gigantische Flutwelle auf die beschauliche Stadt Glashütte zu und hinterlässt eine Schneise der Verwüstung. Mitten drin: der 450 Quadratmeter große aktiv markt von EDEKA-Kaufmann Roland Clausnitzer.

Herr Clausnitzer, wie hoch war Ihr Schaden?

Ich konnte erst nach drei Tagen in meinen Markt. Was ich dann sah, war schrecklich. Der Schlamm war kniehoch und vermischt mit Lebensmitteln und aufgequollenen Windeln. Obenauf schwamm die gekühlte und tiefgekühlte Ware. Es stank bestialisch. Der Laden war komplett zerstört. Der Warenbestand im Wert von knapp 130.000 Euro war hinüber.

Wie ging es weiter?

Tagelang haben meine Mitarbeiter und ich den Dreck aus dem Laden geschaufelt. Dabei wurden wir tatkräftig von anderen EDEKA-Kollegen unterstützt. Insgesamt haben wir fast 14 Container Schlamm und Lebensmittel entsorgt. Danach haben wir in einer Ecke des Ladens einen Notverkauf eröffnet, wo wir rund sieben Wochen lang Trockensortiment verkauft haben. Somit hatte ich wenigstens 20 Prozent meines ursprünglichen Umsatzes. Die Aufräumarbeiten liefen parallel weiter. Die Firma Viba Soft, zum Beispiel, hat die Kosten für die Kühlanlagenreparatur übernommen. Das hat viel geholfen.

Wie hat EDEKA geholfen?

Noch in der Nacht des Dammbruchs bekam ich die Zusage für eine zinslose Valutierung von meiner Genossenschaft Nordbayern-Sachsen-Thüringen. Das hat mir erstmal eine große Last von meinen Schultern genommen. Denn dadurch konnte ich meine beiden anderen Geschäfte problemlos weiterführen. Meine Genossenschaft, die EDEKABANK, der EDEKA-Versicherungsdienst und die ADS haben mich umfangreich beraten. Zum Beispiel, wie ich an öffentliche Mittel herankomme. Die Mitarbeiter der EDEKA-Bauabteilung unterstützten mich bei Renovierungs- und Aufräumarbeiten in meinem Laden.

Welche Hilfe bekamen Sie von der EDEKA Stiftung?

Rund 22.000 Euro Soforthilfe wurde mir gewährt, die ich in die Reparatur der Technik und die Warenbeschaffung steckte. Im November konnten wir das Geschäft dann wieder aufmachen. Doch auch heute hilft mir EDEKA noch. Denn die Diskussionen um öffentliche Fördermittel sind noch immer nicht vorbei.

1970 bis 1979

Als ich 1989 ins Berufsleben startete,
habe ich nicht damit gerechnet, dass ich
einmal so weit kommen würde.
So eine Karriere ist nur bei EDEKA möglich.

Diana Kramp, geboren am 08.07.1972

1970 bis 1979

Als ich 1989 ins Berufsleben startete, habe ich nicht damit gerechnet, dass ich einmal so weit kommen würde. So eine Karriere ist nur bei EDEKA möglich.

Diana Kramp, geboren am 08.07.1972

Auf großem Fuß: Die Plateauschuhe sind in den 70er Jahren das Höchste

Flower Power: Batikmuster und lange Haare sind in

Erlaubt ist, was gefällt

Die Ölkrise beendet abrupt das Wirtschaftswunder. Während sich die Politik international entspannt, überrollt der Terror der RAF Deutschland. EDEKA kämpft gegen die Abschmelzung von Verkaufsflächen. Doch der Umsatz der Gruppe wächst kontinuierlich.

»Wohlstand für alle« lautete das Versprechen des Wirtschaftswunders. Bundeskanzler Willy Brandt (SPD), der 1969 den ersten Wahlsieg der Sozialdemokraten verbucht, spricht von »Mehr Lebensqualität« und »Chancengleichheit für alle«. Die Deutschen glauben: Die Wirtschaft muss nur richtig gesteuert werden, dann läuft sie schon von selbst. Ein Glaube, der Ende 1973 mit der Ölkrise stark erschüttert wird. Denn als die Araber den Ölhahn zudrehen, spüren die Deutschen ihre Abhängigkeit. Verblüfft laufen sie auf ihren Plateausohlen, in Schlaghosen oder Faltenrock über leere Autobahnen. Die Regierung hat als Rationierungsmaßnahme an einigen Tagen das Autofahren verboten. Die 2.700 LKW-Einheiten der EDEKA, die mit rund 14.000 Tonnen Nutzlast die Kaufleute mit Lebensmitteln versorgen, bekommen allerdings weiterhin reibungslos ihre 2,5 Millionen Liter Diesel monatlich. Auch die 1.600 PKWs, die für die Auftragsabwicklung unterwegs sind, rollen weiter. Härter hingegen trifft es die EDEKA Großhandelsbetriebe, die – zumeist in Verbindung mit C&C-Lägern – Tankstellen betreiben. Viele, so ist in der handelsrundschau zu lesen, müssen wegen erheblicher Einbußen durch die »hohen Preisdifferenzen zwischen dem Benzin der ›Farbengesellschaften‹ und der Ware vom freien Markt« aufgegeben werden.

Durch die Ölkrise gerät die Konjunktur in Deutschland ins Stocken. In der Bau- und Automobilindustrie drohen Kurzarbeit, Massenentlassungen und Firmenfusionen. Kanzler Brandt – der sich stärker auf seine Friedens- und Verständigungspolitik im Osten als auf die Wirtschaft konzentriert – versucht mit diversen staatlichen Konjunkturprogrammen gegenzusteuern. Ohne Erfolg. Die Inflation bleibt hoch, die Preise steigen um bis zu 7 Prozent im Jahr. Durch den Zusammenbruch des Systems fester Wechselkurse Anfang der 70er Jahre wird die D-Mark deutlich aufgewertet. Als Resultat werden die Importe billiger, was den Effekt der steigenden Ölpreise mildert. Gleichzeitig erschwert es allerdings den deutschen Export. Die Arbeitslosen-

EDEKA-Meilensteine

1970 Vorstandsvorsitzender Erich H. Diederichs macht die Gruppe durch die Gründung von Handelsgesellschaften nach GmbH-Recht wettbewerbsfähiger

1972 Die EDEKA ZENTRALE wird in eine AG umgewandelt

1976 Start der neuen Vertriebslinie »elkos« im Bereich der Drogeriemärkte

1978 Zentralisierung der Buchhaltung der Niederlassungen über Datentransfer

1979 Abiturienten nutzen erstmals die neue EDEKA-Ausbildung zum Handelsfachwirt

quote schnellt zwischen 1973 und 1974 von 2,6 auf 4,7 Prozent hoch. 1975 gibt es erstmals seit den 50er Jahren wieder über eine Million Erwerbslose. Die Wortneuschöpfung »Stagflation« macht die Runde. Die Wirtschaftskrise wird durch die rasante Entwicklung neuer Maschinen, die zwar die Produktivität deutlich erhöhen, gleichzeitig aber viele Arbeitsplätze kosten, angeheizt. Verzweifelt greift der Staat immer mehr in die Wirtschaft ein – auf sozialer und konjunktureller Ebene. Dadurch nimmt die Verschuldung deutlich zu und erreicht 1980 über 236 Milliarden Mark. Der Anteil der Sozialausgaben am Bruttoinlandsprodukt steigt zwischen 1970 und 1980 von etwa 17 auf über 25 Prozent.

Bei EDEKA findet ein Abschmelzungsprozess statt. Zwischen 1968 und 1970 geben im Schnitt 2.500 Kaufleute jährlich ihr Geschäft auf. Doch trotz rückläufiger Mitgliederzahlen steigen die Umsätze. Waren 1960 noch 40.670 Kaufleute Mitglied mit einem Umsatz von 2,38 Milliarden Mark, sind es 1971 rund 31.700 Mitglieder mit einem Umsatz von 6,8 Milliarden Mark.

Mit Helmut Schmidt zieht ab 1974 der Pragmatismus ins Kanzleramt ein. Die Thesen des Ökonomen Milton Friedman lösen die seines Kollegen John Maynard Keynes ab. Die Globalisierung gewinnt an Fahrt – wirtschaftlich wie auch politisch. Im Sommer 1972 tragen palästinensische Terroristen ihren Konflikt mit Israel zu den Olympischen Spielen nach Deutschland. Die »heiteren Spiele« von München versinken in einem Blutbad. Die 70er Jahre werden vom Terrorismus überschattet. Während sich die Lage international entspannt, nimmt die Gewalt auf nationaler Ebene zu. Brutale terroristische Gruppen halten in mehreren europäischen Staaten die Regierungen in Atem. In Deutschland zieht die Rote Armee Fraktion (RAF) eine blutige Spur durchs Land. Baader, Meinhof und Co. ermorden 36 Menschen, darunter sechs führende Persönlichkeiten aus Politik und Wirtschaft.

Parallel entwickelt sich in der Gesellschaft eine Tendenz zur Individualisierung. Die Politisierung der 60er Jahre wandelt sich in den 70ern langsam in eine Haltung der persönlichen Selbstverwirklichung. Immer mehr Paare wohnen ohne Trauschein zusammen. Schwule und Lesben wagen ihr »Coming Out«. Erlaubt ist, was gefällt: von Flokatiteppich bis Föhn-Frisur à la Farrah Fawcett, von Sesamstraße bis Star Wars, von Pop bis Punk. Auf die Trimm-Dich-Welle folgt die Disco-Welle. Der Golf rollt vom Fließband und ersetzt den Käfer. Bunte Plastikmöbel – mobil und modular – kommen auf den Markt. Und in den Vororten wird die menschenfeindliche Betonarchitektur der Nachkriegszeit allmählich durch freundlichere und energiesparende Bauten ersetzt.

Chemieunfälle wie 1973 in Japan und 1976 in Italien verunsichern die Verbraucher. In Deutschland wächst das Umweltbewusstsein. Bürgerbewegungen entstehen und 1979 schaffen die Grünen den Sprung in Bremens Landesparlament. Mit Sprüchen wie »Lieber aktiv als radioaktiv« und »Plutonium bringt die Omi um« demonstrieren Zehntausende gegen den Bau von Atomkraftwerken im badischen Wyhl (1975) und im holsteinischen Brokdorf (1976). Auf internationaler Ebene tritt Greenpeace Anfang der 70er Jahre an die Öffentlichkeit und protestiert gegen Atombombenversuche der USA im Nordpazifik.

Die Deutschen ändern ihr Konsumverhalten. Weg vom Prestige, hin zur Gesinnung lautet das Motto. Es geht nicht mehr um Statussymbole, sondern um Einstellungen. Der deutsche Verbraucher wird immer stärker unter die Lupe genommen. Wissenschaftliche Studien analysieren das Einkaufsverhalten der Bundesbürger. Mit modernen Techniken ermitteln die Forscher, welche Wege der Kunde durch den Supermarkt geht und wo er zuerst hinguckt. Die Diskussion um die Verführung des Konsumenten beginnt.

Bunte Plastikmöbel in runden Formen sind in

Auch die Werbung greift das Flower-Power-Gefühl auf

Die RAF versetzt Deutschland in Angst und Schrecken

Referentin bei der Juniorengruppe: Mandy Grasme

Aufsichtsratsvorsitzende: Angela Steinberger

Produktbetreuerin für EDEKA-Software: Jana Tribeß

Selbst ist die Frau

Seit 1949 steht im Artikel 3 des Grundgesetzes der Bundesrepublik Deutschland »Männer und Frauen sind gleichberechtigt«. Doch bis in die 70er Jahre hinein sieht die Realität anders aus. Verheiratete Frauen dürfen nur dann arbeiten gehen, wenn der Mann es ihnen erlaubt. Auch ihre Konten werden vom Ehemann überwacht. Frauen werden in eine so genannte »Leichtlohngruppe« eingestuft und bekommen bei gleicher Arbeit viel weniger Geld als ihre männlichen Kollegen. Angespornt durch den Zeitgeist der Individualität besinnen Frauen sich immer mehr auf sich selbst und kämpfen für ihre Rechte. Anfangs mit brennenden BHs, geworfenen Tomaten und auch mal einem Kniff in den Männerpo. Später mit Kampagnen wie »Mein Bauch gehört mir«, mit denen sie gegen den Paragraph 218 demonstrieren, der Abtreibung unter Strafe stellt.

Im Lebensmitteleinzelhandel spielen Frauen bereits früh eine Rolle. Sie stehen gemeinsam mit ihrem Ehemann hinter der Ladentheke. Und während der beiden Kriege führen sie die Geschäfte alleine weiter. Doch bis in die 40er Jahre braucht die Frau die Zustimmung ihres Mannes, wenn sie der Genossenschaft beitreten will. Heute finden sich unter den Auszubildenden bei EDEKA viele Frauen. »Doch je höher der Fortbildungsgang geht, um so geringer wird die Frauenquote. Schade, denn die Chancen für die Frauen sind da. Sie müssen nur ergriffen werden«, erklärt Mandy Grasme (30), Referentin bei der EDEKA Juniorengruppe. Das sieht man auch daran, dass die Anzahl an selbstständigen Unternehmerinnen, die ihr eigenes Geschäft führen, in den letzten Jahren stetig zugenommen hat.

Schon früh erfolgreich:
Frauen im Einzelhandel

Mit 28 Jahren „Dirigentin" über drei Märkte

Ute Röcher erzielt weit überdurchschnittliche Umsätze

Fragebogen

Umfrage im Braunschwe

Lohnende Zwischenstation

Angela Steinberger (57), Aufsichtsratsvorsitzende der EDEKA Südbayern, weiß, wie schwer es für Frauen ist: »Wir müssen meist 120 Prozent leisten, um 90 Prozent anerkannt zu werden.« Steinberger erinnert sich an einen Vortrag in der Industrie- und Handelskammer in Passau. »Im Saal waren nur Männer. Bei der Diskussion im Anschluss habe ich mich drei Mal gemeldet und wurde ständig ignoriert. Erst als mein Nachbar, ein Mann, sich für mich meldete, wurde ich erhört«, sagt die EDEKAnerin und schüttelt den Kopf. Bei der blau-gelben Gruppe, sagt sie, wurde sie immer akzeptiert. Ihren jungen Kolleginnen rät sie zu mehr Selbstvertrauen. »Wer an sich glaubt, eine gute Ausbildung hat und mit Fakten kontern kann wird auch in der Männerwelt akzeptiert«, sagt Steinberger.

Jana Tribeß (28), Produktbetreuerin der EDEKA für die Einzelhandels-Warenwirtschaftssysteme EBUSplus und EBUSwin, stimmt dem zu. »In meiner Abteilung arbeiten fast nur Männer. Doch ich hatte noch nie das Gefühl, nicht ernst genommen zu werden.«, sagt Tribeß. Sie findet, dass gerade bei EDEKA Frauen tolle Möglichkeiten haben. Sie müssen sich nur trauen, diese zu ergreifen.

Der EDEKA aktiv-markt hat eine Verkaufsfläche von 400 bis 1.000 Quadratmetern

Kinder geben ihr Taschengeld gerne für Süßes aus

EDEKA wirbt um Kinder und Jugendliche als Kunden

Neue Ladentypen ...

Der Ton in den 70er Jahren ist rau. Im Lebensmitteleinzelhandel wütet ein heftiger Konkurrenzkampf. Nur wer die richtige Ladengröße, das richtige Sortiment und den besten Service bietet, hat Chancen, zu bestehen. Grundsätzlich gibt es drei verschiedene Ladentypen im Deutschland der 70er Jahre: den teuren Delikatess- und Feinkostladen, das »normale« Geschäft im Mittelfeld als SB- und Bedien-Laden und den Discounter. Auch sortimentsbezogen dominieren drei Kategorien: das Geschäft mit warenhausähnlichem Gesamtsortiment, das Lebensmittelgeschäft mit zusätzlichen Non-Food-Artikeln und das Spezialgeschäft. Bei den Ladengrößen stehen vier Typen im Vordergrund: das traditionelle Bedien- oder SB-Geschäft mit einer Ladenfläche bis etwa 70 Quadratmeter, das Nachbarschaftsgeschäft mit 100 bis 250 Quadratmetern, der Supermarkt mit einer Verkaufsfläche von durchschnittlich 400 bis 500 Quadratmetern und schließlich der Verbrauchermarkt mit mehr als 1.000 Quadratmetern.

1971 baut EDEKA 18 neue SB-Warenhäuser. Tante-Emma-Läden liegen auf dem Sterbebett. Allein 1970 geben 2.700 Betriebe auf.

Non-Food-Artikel liegen im Trend

Die Deutschen arbeiten immer weniger und haben immer mehr Zeit für ihre Freizeitgestaltung. Die reine Arbeitszeit, die sich zwischen 1950 und 1969 bereits um ein Sechstel verringert hat, verkürzt sich in den kommenden Jahren bei steigenden Einkommen weiter. Die Zeit und das Geld wenden die Bürger vorzugsweise für ihre Hobbys auf. Aber auch die Kaufleute können davon profitieren, indem sie ihr Non-Food-Angebot über klassische Artikel wie z.B. Wasch-, Reinigungs- und Körperpflegemittel hinaus erweitern: von Papier- und Schreibwaren über Plastikartikel und Haushaltswaren bis hin zu Kleintextilien wie Strümpfen. Doch Vorsicht: Wer die falschen Artikel einkauft, läuft Gefahr, darauf sitzen zu bleiben. Günstig und leicht transportabel sollten die Artikel sein.

... neue Kundengruppen

Wer sich am Markt behaupten will, muss neue Käufergruppen gewinnen. In den 70er Jahren werden Kinder und Jugendliche als Konsumenten entdeckt. 1973 verfügen die Youngster zwischen 4 und 14 Jahren über rund 600 Millionen Mark Taschengeld! Die Teens und Twens, sprich 14- bis 25-Jährigen, haben über 23 Milliarden Mark, die sie bereitwillig für Kleidung, Schallplatten und Kosmetik ausgeben. Völlig vergessen als Kunden scheinen hingegen die Senioren. Dabei schlummert da ein lukratives Geschäft: eine Kaufkraft von 60 Milliarden Mark.

Zeitlos

Diese noch heute beliebten Marken entstehen:

1972 BiFi

1972 Mövenpick Eis

1978 Dr. Oetker Crème Fraîche

1978 Milchschnitte

1979 5 Minuten Terrine

Der alte Feind Discount

Einer der ärgsten Feinde der EDEKA-Einzelhändler ist immer noch der Discount. Während die Konkurrenz in dieses boomende Geschäft einsteigt, versucht EDEKA der Bedrohung mit dem Ausbau des Eigenmarken-Sortiments zu begegnen »Ziel ist es«, so schreibt die handelsrundschau, » ... beim Verbraucher von einer Markentreue zu einer Handelstreue zu kommen«. Eine Fehlentscheidung, die die Gruppe in den folgenden Jahren teuer zu stehen kommt. 1970 werden acht weitere Delta- und Alueda-Märkte mit Niedrigpreisartikeln eröffnet. Die Gesamtzahl steigt damit auf 46. Das neue Konzept kommt an: »Shop-in-the-Shop« heißt das Zauberwort und ist vergleichbar mit den Shopping-Malls in Amerika. Neben dem Lebensmittelgeschäft befinden sich auch ein Florist, Schlüsseldienst, eine Zoohandlung, Reinigung und Ähnliches unter einem Dach.

Gegen die auf niedrigem Preisniveau operierenden Drogeriemärkte startet EDEKA 1976 die neue Vertriebslinie »elkos«. Diese Drogeriemärkte werden als Einzelläden geführt oder in SB-Warenhäuser integriert. 1979 gibt es bereits 60 elkos-Einheiten.

Neue Chancen für die Jugend durch Ausbildungsberufe

Qualitätssicherung ganz weit vorn

Die Deutschen reisen in immer exotischere Länder. Gerne möchten sie die dort probierten Früchte auch zu Hause genießen. Der Einsatz von Kühlcontainern macht es möglich: Plötzlich finden sich neben Äpfeln und Bananen Exoten wie Papayas, Kiwis und Avocados im Frischebereich. Das EDEKA Fruchtkontor führt das Eigenmarkensortiment »Best Seller« ein – die erste Handelsmarke bei Obst und Gemüse. Bereits in den 70er Jahren stellt EDEKA eine Ernährungsberaterin ein, die sich um Verbraucheraufklärung und Produktentwicklung kümmern soll. Mit der Einführung der kalorienarmen Margarine »Die leichte Wertkost« mit halbem Fettgehalt reagiert EDEKA auf die neue Gesundheits- und Trimm-Dich-Welle, die durch Deutschland schwappt. Ein Sortiment spritzmittelfreier Gemüsekonserven und Säfte, deren Rohware aus kontrolliertem Anbau stammt, kommt auf den Markt. 1972 verbucht das Wertkost-Programm ein Umsatzplus von 23,2 Prozent.

Exotisches Obst wie die Papaya kommt in die Regale

Mit der Einführung des Lebensmittel- und Bedarfsgegenständegesetzes (LMBG) erweitern sich die Aufgaben des EDEKA-Labors: Jetzt wird auch nach Spuren von Pflanzenschutz-, Schädlingsbekämpfungs- und Vorratsschutzmitteln sowie Schwermetallen in den Lebensmitteln gesucht. Im Schnitt werden 4.000 Proben genommen. 64 Prozent davon gelten dabei den Importwaren.

Mehr Bildung braucht der Mensch

Den Nachwuchs aus den eigenen Reihen zu rekrutieren, spielt bei EDEKA immer schon eine wichtige Rolle. Bis Mitte der 70er Jahre fehlt jedoch in der kaufmännischen Ausbildung der Abschluss zum Handelsfachwirt. Bayern experimentiert 1974 als erstes Bundesland mit diesem Ausbildungsgang. Zehn Monate drücken 28 Auszubildende, davon 7 EDEKAner, 330 Stunden lang die Schulbank. An wöchentlich zwei Abenden findet die Fortbildung statt, hinzu kommen zwei Vollzeitwochen sowie die Zeit für die Nachbearbeitung – alles parallel zum normalen Arbeitstag, versteht sich! Einsatzwille, Zielstrebigkeit und Ehrgeiz sind die wichtigsten Eigenschaften, die die Auszubildenden mitbringen müssen. Dafür lernen sie Marketing, Warenbeschaffung und -lagerung, Finanzierung, Organisation, Kostenrechnung und rationelle Betriebsführung. Am Ende legen die Azubis bei der Industrie- und Handelskammer ihre Prüfung ab. Seit 1979 bildet EDEKA zum Handelsfachwirt aus. Allein 2006 nutzten 450 Abiturienten dieses Angebot.

Es weht der Wind des Wandels

EDEKA, der unumstrittene Branchenriese der 60er Jahre, kränkelt. Zu viele kleine Geschäfte sind unrentabel und müssen aufgegeben werden. Das Fehlen einer einheitlichen Sortimentsgestaltung, einer bundesweiten Werbung und eines national gebündelten Einkaufs lähmt die Verhandlungsposition gegenüber der Industrie. EDEKA kann dem steigenden Wettbewerbsdruck von straff geführten Filialunternehmen nicht standhalten. Grundlegende Reformen auf allen Ebenen werden immer notwendiger.

Ein wesentlicher Hemmschuh ist das Genossenschaftsgesetz in seiner damals noch gültigen Form. Es schränkt die Möglichkeiten gegenüber den privatwirtschaftlich organisierten Konkurrenten zu sehr ein und erschwert die Bündelung aller Kräfte, auch und gerade zwischen Zentrale und Großhandlungen. Bemühungen, das Genossenschaftsrecht auf moderne Anforderungen hin zu novellieren, laufen seit 1956, doch wie es scheint ohne Aussicht auf Erfolg.

Maßgeblich betrieben vom damaligen Vorstandsvorsitzenden der EDEKA ZENTRALE Erich H. Diederichs gründen daher ZENTRALE und Verband die EDEKA Zentralhandelsgesellschaft mbH (ZHG). Auf regionaler Ebene entstehen in rascher Folge eigene EDEKA Handelsgesellschaften (EHGs), an denen jeweils zur einen Hälfte die ZHG, zur anderen eine oder mehrere Großhandlungen bzw. die dahinter stehenden Genossenschaften beteiligt sind. Diese verpachten ihre Geschäftsbetriebe an die neuen Gesellschaften, die damit das gesamte Warengeschäft abwickeln. So entsteht oberhalb der Ebene der Genossenschaften in kurzer Zeit ein dichter Verbund aus Kapitalgesellschaften mit allen Vorteilen dieser Rechts- und Organisationsform. Die stärkere Kooperation ermöglicht bessere Einkaufsbedingungen, eine effizientere Betriebsstruktur Kosteneinsparungen. Mehr Flexibilität gegenüber Marktveränderungen und ein wachsendes Bewusstsein für gemeinsames Handeln zeigen schnell Erfolge.

Um mit der Konkurrenz mithalten zu können, muss EDEKA aber auch Produktion und Logistik auf den neuesten Stand bringen. Technische Rationalisierung lautet das Stichwort: Im Großhandel werden neue Hochregallager mit automatisch gesteuerten Anlagen und Gabelstaplern für den Palettentransport in Betrieb genommen. Moderne Wärmerückgewinnungsanlagen und Hochleistungslampen sparen Energie. Für den Einsatz von Rollbehältern braucht das Unternehmen großräumige LKWs mit Hebebühne. Die Kaffeeröstereien müssen sich neue Vakuumverpackungsanlagen anschaffen, die Tee-Packerei benötigt eine Aufgussbeutel-Anlage. Alles Investitionen, die viel Geld kosten. Geld, das Genossenschaften laut Gesetz gar nicht ansammeln dürfen.

Die Gruppenstrukturreform I ist auf dem Weg

Darum beschließen die Gremien unter Führung von Diederichs, auch die EDEKA ZENTRALE von ihrer genossenschaftlichen Rechtsform in eine Aktiengesellschaft mit Sitz in Berlin umzuwandeln. Kritiker befürchten indes, dass damit der genossenschaftliche Förderauftrag beeinträchtigt werden könnte. Deshalb werden die genossenschaftlichen Prinzipien ausdrücklich in der Satzung der AG verankert. Die Gruppenstrukturreform I ist angestoßen. Das Eigenkapital der EDEKA ZENTRALE wird auf 30 Millionen Mark festgesetzt, die in Form von vinkulierten, also nur mit Genehmigung veräußerbaren Namensaktien von den einzelnen Genossenschaften im Verhältnis 1:1 von Mitgliederguthaben und Aktien übernommen werden. Damit ist sichergestellt, dass das Unternehmen in der Hand der Genossenschaften bleibt. Kurz darauf wird auch die EDEKA-BANK in eine AG umgewandelt. 1976 wird das Grundkapital der EDEKA ZENTRALE um 15 auf 45 Millionen Mark aufgestockt.

Lückenlose Kühlung:
für viele Artikel unerlässlich

Ab 1973 heißt es wieder früher aufstehen ...

Wussten Sie ...?

Die Idee der Zeitumstellung stammt von Benjamin Franklin aus dem Jahr 1784. In Deutschland wird die Sommerzeit bereits zu Kaisers Zeiten ausprobiert. Grund: Sie soll für mehr Produktivität sorgen. 1947 gibt es neben der Sommerzeit sogar noch eine Hochsommerzeit, zu der die Uhren sieben Wochen lang zwei Stunden vorgestellt werden. Zwischen 1950 und 1979 verzichtet Deutschland dann komplett auf eine Sommerzeit. Erst die Ölkrise von 1973 und der Drang zum Energiesparen lassen sie wieder aufleben.

Oben links: Strampeln für die schlanke Linie auf den neuen Sportgeräten
Unten links: Plakat der Olympischen Spiele 1972 in München, Müsli zum Frühstück ist der neue Trend
Unten rechts: EDEKA Wertkost-Artikel verkaufen sich gut

Fit und gesund

Die Olympischen Spiele in München 1972 lösen eine ungeahnte Sport-Welle aus. Reihenweise öffnen in der Bundesrepublik Fitnessstudios, und die Wälder werden mit Trimm-Dich-Pfaden zu öffentlichen Sportstätten aufgewertet. Die Deutschen entwickeln ein größeres Ernährungsbewusstsein und greifen zum gesunden Früchte-Müsli und den biologischen EDEKA Wertkost-Produkten.

Die Plombe ist mit aktuellen Zeitungen, Fotos, dem Grundriss und Urkunden gefüllt

Bei der Grundsteinlegung wird die Plombe versenkt

Zur Feier des besonderen Tages wird flott geswingt

Das neue EDEKA-Haus

Die EDEKA ZENTRALE platzt aus allen Nähten. Das schmucke Haus an der Hamburger Alster ist nur für 560 Arbeitsplätze konzipiert. Ein Großteil der Mitarbeiter muss auf über 20 Außenstellen verteilt werden.

Ein Notstand mit absurden Folgen. So soll »ein Brief von einer zu einer anderen Außenstelle mit der Hauspost mitunter länger unterwegs sein als mit der Bundespost«. Ein Grundstück von 15.000 Quadratmetern findet sich in der gefragten Hamburger City Nord. Nach 13 Monaten Bauzeit kann das achtstöckige Gebäude im Oktober 1974 von den 1.200 Mitarbeitern bezogen werden. Der »moderne Funktionsbau« gilt damals als planerisches Kunstwerk. Dank flexibler Wände kann die Größe der Büros jederzeit verändert werden. Die innerbetriebliche Kommunikation klappt mit Hilfe der modernsten Technik einwandfrei. Die neue Telefonanlage verfügt über 88 Amtsleitungen mit 1.000 Nebenstellen. Mit der Aktenförderanlage, die bis zu 15 Kilo je Behältnis transportiert, gehört das Schleppen schwerer Ordner der Vergangenheit an. Parkplätze für 600 Mitarbeiter inklusive Tiefgarage, aber auch zwei Waschanlagen und eine gut ausgestattete Werkstatt werden den Mitarbeitern geboten. In dieser Werkstatt können kleinere Reparaturen durchgeführt werden – »aber nicht für Ihr Privatfahrzeug«.

Eine der Attraktionen des Hauses ist der neue Mitarbeiter-Shop, der ein ausgewogenes Sortiment zu günstigen Preisen bietet. Zahlreiche Besprechungsräume und Sitzungssäle sowie eine Kantine und ein Kasino machen das Arbeiten so angenehm wie möglich. Speziell zum Umzug in das neue Haus gibt EDEKA einen Leitfaden für alle Mitarbeiter heraus. In »DAS ABC DES EDEKA HAUSES« stehen wertvolle Hinweise für die Benutzung der Stellplätze, zu den Vorteilen der modernen, schnelleren Fernschreiber und zu der leichteren Orientierung anhand der verschiedenen Etagenfarben. 2007 arbeiten in der City Nord rund 1.000 Mitarbeiter in dem mittlerweile komplett renovierten und mit einem hochmodernen Konferenz-Zentrum ausgestatteten Bürokomplex.

So sieht das EDEKA-Haus in der City Nord heute aus

Ost-Handel: Weihnachtsgänse kommen aus Polen

In ihrer warengeschäftlichen Funktion sorgt die neue Zentralhandelsgesellschaft u.a. dafür, dass das Sortiment gestrafft wird und Schwerpunkte gesetzt werden. Auch die Verhandlungen mit der Industrie werden zunehmend zentral geführt.

Die EDEKA-Großhandlungen erzielen 1975 mit 59 Genossenschaften einen Gesamtumsatz von über 9 Milliarden Mark. Zehn Jahre früher waren es bei 165 Genossenschaften nur 4,15 Milliarden Mark. Die EDEKA-Großhandlungen übernehmen deutschlandweit kleinere und mittlere Lebensmittelfilialbetriebe. Die von den Großhandlungen als »Regiebetrieb« geführten Einzelhandelsobjekte dienen der Standortsicherung und dem Erhalt des Marktanteils. Darüber hinaus bieten sie den EDEKA-Kaufleuten die Chance, weitere Märkte zu übernehmen.

Pro Jahr werden etwa 100 Ladenobjekte privatisiert.

Wertvolle Sammlerobjekte:
Figuren aus dem Überraschungsei

Handel mit den Ostblockstaaten

Kanzler Willy Brandt leitet 1969 eine Ära der Entspannung gegenüber den Ostblockstaaten ein. Nicht überall in Deutschland stößt diese Ostpolitik auf Zustimmung. Besonders die CDU/CSU empfindet Brandts Diplomatie als Verrat. Doch sein legendärer Kniefall vor dem Mahnmal der Opfer des Warschauer Ghettos verschafft Brandt weltweit Sympathien. Mit dem Moskauer und Warschauer Vertrag von 1970 und dem Grundlagenvertrag mit der DDR zwei Jahre später erkennt Deutschland die bestehenden Grenzen an. Die Weichen sind gestellt. Sofort bemüht sich EDEKA um die Aufnahme von Handelsbeziehungen mit den osteuropäischen Staaten. Zuerst liefert Polen unter dem Namen »Krakus« Obst- und Gemüsekonserven sowie Konfitüre nach Deutschland. Auch Fleischkonserven und die Weihnachtsgänse kommen von den polnischen Nachbarn. Zu Beginn der 70er Jahre ist EDEKA Polens größter Geflügelkunde. Ferner werden Wein aus Jugoslawien, Bier aus der DDR, Obst und Gemüse aus Rumänien und Schafskäse aus Bulgarien importiert.

Große Geste: der Kniefall von Kanzler Willy Brandt

Stars werben für EDEKA

Anfang der 70er Jahre landet die EDEKA einen ganz großen Coup: Sie gewinnt Prominente, Showmaster und Schauspieler aus dem Fernsehen für ihre Werbung. Den Anfang macht 1971 Wolfgang Völz, u.a. bekannt aus der TV-Serie »Graf Yoster gibt sich die Ehre«. Er wirbt für das EDEKA-Bier Schloß-Export. Fünf Jahre später betritt Quizmaster Hans-Joachim Kulenkampff mit dem »Glückswirbel« die EDEKA-Showbühne. Die Zuschauer können zwölf VW-Golf, 1.200 Geschenkkörbe und 12.000 Gutscheine gewinnen. Von 1977 bis 1979

Spannend

Wir haben es alle schon mal gemacht. Da steht man ewig lange an der Kasse und nimmt ein Überraschungsei nach dem anderen in die Hand. Es wird geschüttelt, gewogen, gehorcht. Wenn der Inhalt zu sehr klötert, legen wir das Produkt der Firma Ferrero ganz schnell wieder ins Regal. Schließlich will jeder möglichst eine der begehrten Sammler-Figuren erhaschen. Und die klappern nun mal nicht. Die Idee zu dem beliebten Spiel-Spaß-und-Schokolade-Geschenk stammt aus Italien. Hier ist es seit langer Zeit Tradition, zu Ostern Schokoeier mit einer kleinen Überraschung darin zu verschenken. Doch warum ein Jahr warten, dachte sich Miguel Ferrero, Sohn des Firmengründers und erfand 1974 das Ü-Ei. Heute bringt Ferrero zwei bis drei neue Figurenserien und etwa 150 zusammenbaubare Spielzeuge jährlich auf den Markt. In Sammlerkreisen werden heute einige Figuren, wie die Schlümpfe, die Biene Maja oder Pumuckl, mit Summen bis zu 800 Euro gehandelt.

Kurz & Gut

EDEKA

Das erste Block-E von 1965 wird 1972 überarbeitet und gleichzeitig ein neuer Schriftzug entwickelt

Beliebt: Die Eigenmarken werden stark fokussiert

Startklar: Die Umsatzrakete Hanseaten-Kaffee

Knackig: King's Gold Knabbereien dürfen auf keiner heißen Disco-Party fehlen

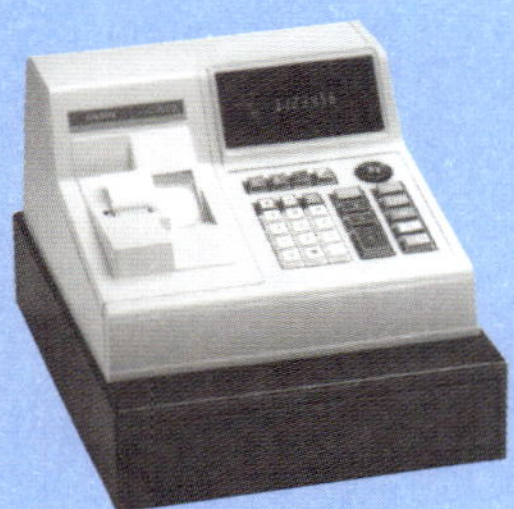

Freundlich: Die bekannte und beliebte EDEKA-Werbefigur

Modern: Auch die Kassensysteme werden auf den neuesten Stand gebracht

Absatzstark: Sonderplatzierungen im Markt

Rudi Carrell und Kollegin Edith Hancke werben...

...und die Kundinnen greifen daraufhin gerne zu

trommelt Showmaster und Komiker Rudi Carrell für EDEKA. Der Holländer kommt mit seinem unwiderstehlichen Charme beim Zuschauer sehr gut an. Bei der Verlosung erhält er Unterstützung von Stars wie Ruth Maria Kubitschek oder Mary Roos.

EDEKA nutzt EDV

Auch in technischer Hinsicht passiert in den 70er Jahren viel. Zwischen der Genossenschaft in Konstanz und dem EDAG Rechenzentrum in Stuttgart findet 1971 die erste Datenfernübertragung über Telefonleitung statt. Die Aufträge des EDEKA-Einzelhandels laufen über eine Standleitung zwischen Lüneburg und dem Rechenzentrum in Hamburg. Auch die Rechnungsdaten werden auf diese Weise übermittelt und dann im Großhandelsbetrieb auf einem dort installierten Drucker ausgedruckt. Die EDAG übernimmt die Lohn- und Gehaltsabrechnungen für 25 Großhandelsbetriebe. 1974 wird die elektronische Datenverarbeitung bei der EDEKABANK eingeführt. Vier Jahre später zentralisiert man per Datenfernübertragung die Buchhaltung der EDEKA-Niederlassungen.

Das schwarze Gold

Im Herbst 1973 reißt der Ölboykott der OPEC-Staaten die westliche Welt aus ihrem Dornröschenschlaf. Plötzlich merken die Mächte in Europa und den USA, wie abhängig sie von den Ölliefe-

Dessert-Renner der 70er Jahre: Tiramisu aus Italien

Zurück zu Pferdestärken: Während der Ölkrise ist Autofahren zum Teil verboten

Ölhahn zugedreht: 1973 liefern die Araber kein Öl

Leckerbissen

Es wird wohl immer ein Rätsel bleiben, wer der Erfinder der beliebtesten italienischen Nachspeise Tiramisu ist. Einige Historiker sehen seine Ursprünge in dem kleinen, toskanischen Städtchen Siena. Anlässlich eines Besuchs des Großherzogs Cosimo de'Medici III (1642-1723) soll da ein ähnlich schmeckendes Dessert auf den Namen »zuppa del duca« (Suppe des Großherzogs) getauft worden sein. Doch in den letzten 30 Jahren beansprucht die norditalienische Stadt Treviso die Ehre, Geburtsort des Tiramisus zu sein. Im Restaurant »Le Beccherie« sollen Alba und Ado Campeol das klassische Rezept seit Anfang der 70er für Prostituierte, die über dem Restaurant arbeiten, zubereitet haben. Sie brauchten angeblich ein Aufputschmittel zwischen ihren Liasons. Diesen Effekt hat der Tiramisu (zu deutsch »Zieh mich hoch«) dank des Zuckers und Espressos in der Tat.

rungen in Wirklichkeit sind. Die Bundesrepublik trifft es besonders hart, da sie ihren Energiebedarf zu 55 Prozent mit importiertem Erdöl deckt. 75 Prozent ihrer Rohöleinfuhren bezieht sie aus arabischen Ländern. Die Regierung reagiert mit Energiesparmaßnahmen. An vier Sonntagen wird das Autofahren verboten, auf Autobahnen und Landstraßen gilt eine Geschwindigkeitsbeschränkung von 100 beziehungsweise 80 Stundenkilometern. Die Preise für alle aus Erdöl hergestellten Produkte, wie Kunststoffe oder Pharmazeutika, steigen. Diese Kosten geben die Kaufleute an die Kunden weiter. Plötzlich müssen die Deutschen im Supermarkt einen Groschen für eine Plastiktüte bezahlen. Verbraucherverbände empören sich darüber, dass der Kunde für seine »Werbetätigkeit« auch noch Geld bezahlen muss. Die Regierung regt den Verbraucher mit der Aktion »Gelber Punkt« zum kritischen Kaufen an und will gleichzeitig über die Zusammenhänge der Preisbildung aufklären.

Die Zukunft verdüstert sich

1975 tritt EDEKA-Verbandsdirektor Erich H. Diederichs in den Ruhestand. Sein Nachfolger wird Helmut Stubbe. Auch er konzentriert sich im Kampf gegen die Discounter nur auf eine effektive Waffe: Qualität. Das Motto: »Alles Frische von EDEKA« kommt beim Kunden an. Im Herbst 1976 befragt Infratest deutsche Verbraucher nach ihrer Meinung zu neun deutschen Handelsunternehmen. Dabei hängt EDEKA die Konkurrenz ab und belegt in vielen Kriterien die ersten Plätze, unter anderem auch in der Rubrik »Hat besonders frische Ware bei Obst, Fleisch und Molkereiprodukten«.

Doch die Zahlen sprechen eine andere Sprache. Der Umsatz stagniert. Die 40 Großhandelsbetriebe erwirtschaften einen Durchschnittsumsatz von je 250 Millionen Mark. Die 22 EDEKA-Fleischwerke erzielen 1978 einen Umsatz von über 700 Millionen Mark.

Ende der 70er gehen die EDEKA-Manager verhängnisvolle Verhandlungen mit dem Kaufhausgiganten Horten ein. Eilig wird ein Pachtvertrag abgeschlossen. Die Genossen wollen wieder in den Stadtzentren Fuß fassen. Durch horrende Mieten sind in den Jahren vorher immer mehr EDEKAner aus der City verdrängt worden. Im Juni 1980 übernimmt die EDEKA-Tochtergesellschaft »Supermarkt bei Horten GmbH« bundesweit 58 Lebensmittelabteilungen des Warenhauses. Ein Unterfangen, das der Führungsriege bald schwere Kopfschmerzen bereiten wird.

Während sich die deutsche Wirtschaft wieder entspannt, ziehen innerhalb der EDEKA immer mehr dunkle Wolken auf. Längst hat die Konkurrenz EDEKA von ihrer Spitzenposition im Lebensmitteleinzelhandel verdrängt. Es herrscht Unruhe in der Gruppe. Der Ruf nach Entscheidungen, mit denen der Discountbedrohung entgegengetreten werden kann, wird immer lauter. Doch der notwendige Ruck, der EDEKA wieder auf Kurs bringt, wird erst im nächsten Jahrzehnt erfolgen.

1980 bis 1988

Wir haben das Motto "Erst dienen, dann verdienen" – und es klappt, die Kunden kommen gerne wieder.

Martin Schmidt, geboren am 08.04.1985

1980 bis 1988

„Wir haben das Motto „Erst dienen, dann verdienen"
– und so klappt's, die Kunden kommen gern wieder."

Martin Schmidt, geboren am 08.04.1985

Stil-Ikone der 80er: Skandal-Sängerin Nina Hagen

Zwei Welten: Kanzler Helmut Kohl und die Grünen

Die große Aufholjagd

Die einen demonstrieren für Frieden und gegen Atomkraft. Die anderen träumen vom Leben auf der Überholspur. Für die EDEKA-Gruppe beginnt Mitte der 80er eine neue Ära.

EDEKA-Meilensteine

1981 Einführung eines Dauer-Niedrigpreisprogramms für Markenartikel

1982 Die »Leasinggesellschaft für den Handel mbH« nimmt ihre Tätigkeit auf

1985 Neue Aufgabenverteilung zwischen den EDEKA-Zentralorganisationen

1986 Horst Neuhaus wird Vorstandsvorsitzender der EDEKA ZENTRALE AG

1987 Die EDEKA ZENTRALE übernimmt wichtige Dienstleistungs- und Beratungsaufgaben vom Verband

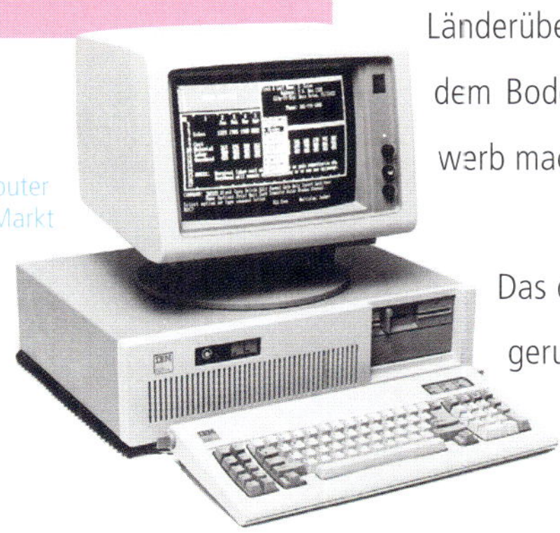

Der erste IBM AT Computer kommt 1984 auf den Markt

Die 80er Jahre sind eine Phase des Umbruchs. Die Industriegesellschaft wird abgelöst von der Informationsgesellschaft. Die digitale Technik übernimmt die Führung. Sie verändert die Lebensweise der Menschen so grundlegend, wie es seit der Erfindung des Automobils oder des Fernsehens nicht mehr geschehen ist. Bilder, Texte, Daten sind zu jeder Zeit an jedem Ort der Welt abrufbar. Das Leben im »globalen Dorf« mit seiner immensen Informationsflut erschöpft die Bürger. Wie sollen sie bei der raschen Entwicklung den Überblick behalten? Verunsicherung ganz anderer Art schafft eine neue Seuche, Aids, die sich erschreckend schnell auf der Welt verbreitet. In der Wirtschaft wird der Ton immer rauer. Fusionen stehen auf der Tagesordnung. Gab es 1974 in Deutschland nur 294 Zusammenschlüsse, sind es laut handelsrundschau 1985 bereits 709. Länderübergreifende Firmenimperien schießen wie Pilze aus dem Boden. Wer sein Unternehmen nicht fit für den Wettbewerb macht, verpasst den Anschluss.

Das droht auch EDEKA. Zu lange hat man sich darauf ausgeruht, Deutschlands größter Lebensmittelhändler zu sein, und die Veränderungen in der Handelslandschaft ignoriert. Dabei stagnieren die Umsätze bereits seit Jahren. Da die Konkurrenz demgegenüber kräftig aufholt, beginnt EDEKA langsam Marktanteile zu verlieren. Aldi, Tengelmann, Leibbrand und Massa werben mit vielen Niedrigpreisangeboten die Kunden ab. Und während die Konkurrenz eine straff von der Zentrale organisierte und gelenkte Filiale nach der anderen eröffnet, müssen immer mehr kleine EDEKA-Geschäfte schließen. In Hamburg beruhigt man sich mit Umsatzzahlen, die immer noch fast doppelt so hoch sind wie der Branchendurchschnitt. 1982 überschreitet EDEKA sogar die 20-Milliarden-Mark-Grenze. Zu langsam realisiert die Führungsriege daher, dass der Umsatzverlust, der allmählich durch das Wegsterben kleiner »Tante-Emma-Läden« entsteht, nicht durch genügend neue, größere und modernere Geschäfte aufgefangen wird. Und dabei kauft die deutsche Hausfrau jetzt vorzugsweise in großen Supermärkten ein. Mit rund 16.000 Einzelhandelsgeschäften besitzt EDEKA zwar das dichteste Verkaufsstellennetz im Bundesgebiet, doch fast zwei Drittel dieser Geschäfte verfügen über weniger als 100 Quadratmeter Verkaufsfläche und gelten somit unter Experten als eher unrentabel. Hinzu kommt, dass der Großhandel beim Beliefern dieser kleinen Geschäfte meist draufzahlt. Grund: Nehmen große Märkte z.B. ganze Paletten Waschmittelpakete ab, bestellen die kleinen oft nur wenige Packungen. Die Kosten hierfür werden selbst durch höhere Abgabepreise nicht gedeckt. Der Großhandel wird gezwungen, die Deckungslücke über erhöhte Abgabepreise zu stopfen.

Als zu Beginn der 80er Jahre die deutsche Wirtschaft schwächelt, verstärkt sich der Druck. 1981 sinken das Bruttosozialprodukt um 0,3 Prozent und die Einzelhandelsumsätze um 2,5 Prozent. Importe werden teurer und die Arbeitslosenquote steigt, auch weil immer mehr Firmen Konkurs anmelden. Allein 1982 sind es 15.000 Unternehmen – ein trauriger Rekord. Sinkende Realeinkommen veranlassen die Verbraucher, bei den Einkäufen noch stärker auf die Preise zu achten. EDEKA-intern kommt hinzu, dass die mit der Industrie und den Herstellern ausgehandelten Konditionsvorteile von den viel zu teuren und ineffizienten Verwaltungsapparaten in den Großhandlungen und der Zentrale »aufgefressen« werden.

Schwerwiegende Fehlentscheidungen verstärken die Krise noch. Mit der Übernahme von 57 Horten-Supermärkten halst sich die Gruppe einen jährlichen Verlust von rund 30 Millionen Mark auf. Verbandsdirektor Helmut Stubbe und der Vorstand unter Führung von Hans-Jürgen Klußmann glauben trotzdem, das Debakel innerhalb von zwei Jahren in den Griff zu bekommen. Ein Irrglaube, für den die Einzelhändler jedes Jahr tief in die Tasche greifen müssen, um den Verlust wieder auszugleichen. Trotz der prekären Situation lassen Taten auf sich warten. Das verärgert die Einzelhändler. Besonders aktive und wichtige Mitglieder, die viel Geld in den Ausbau und die Modernisierung ihrer Läden gesteckt haben, drohen abzuspringen und sich nach einem neuen Großhandelspartner umzusehen. Es muss dringend gehandelt werden. Daher verabschiedet der Aufsichtsrat im November 1984 ein straffes Rationalisierungsprogramm, das die jährlichen Kosten um 50 Millionen Mark senken soll. Als das Management jedoch nur gewillt ist, die Hälfte davon umzusetzen, ist das Maß im November 1985 voll. Der Aufsichtsrat und die Einzelhändler glauben nicht mehr, dass der amtierende Vorstand die Probleme in den Griff bekommt. Stubbe und die drei Vorstände der Zentrale müssen kurzfristig abtreten.

Am 1. Januar 1986 übernimmt der erfahrene Duisburger Regionalgeschäftsführer Horst Neuhaus den Vorstandsvorsitz der EDEKA ZENTRALE AG. Zusammen mit August Nolte, dem Aufsichtsratsvorsitzenden, setzt er einen Prozess in Gang, der die Gruppe wieder auf Kurs bringt und manövrierfähig für die Zukunft macht. Dazu gehört auch ein striktes Spar- und Fusionsprogramm, das Arbeitsplätze und manche einflussreiche Position kostet und daher nicht überall auf Begeisterung stößt. Doch nur so kann Neuhaus langfristig die Marktbedeutung der Gruppe sichern. August Nolte erinnert sich: »Horst Neuhaus war ein Geschenk des Himmels für EDEKA. Er hat der Gruppe wieder zu Ansehen und Standfestigkeit bezüglich ihrer Bonität gegenüber den Banken verholfen.«

Neuhaus selbst drückt es seinerzeit ganz pragmatisch aus: »Bedenken wir immer, dass es nicht die Genies sind, die eine Firma hervorragend machen, sondern in erster Linie ganz normale Menschen mit vielen Stärken und manchen Schwächen – so wie Sie und ich.«

Bundesadler oder Pleitegeier? Die Kassen leeren sich ...

Vorstandschef Horst Neuhaus krempelt EDEKA um …

…und sorgt auch in der Zentrale für kräftige Einsparungen

August Nolte: »Wir haben eine Menge erreicht«

EDEKA speckt ab

Er ist ein Mann der Taten: Horst Neuhaus, langjähriger Geschäftsführer der EDEKA Rhein-Ruhr und seit 1. Januar 1986 der neue Hoffnungsträger der Gruppe. Er packt an, was längst überfällig ist und steuert das Unternehmen, das bereits von Übernahmegerüchten geplagt wird, finanziell wieder in sichere Gewässer.

Die Strategie des neuen Vorstandsvorsitzenden ist klar: EDEKA muss schlanker werden, Ballast abwerfen und größere Geschäfte fördern. Nur so können wettbewerbsfähige Strukturen geschaffen und Marktanteile zurückgewonnen werden. Darum lautet sein oberstes Gebot: Sparen. Gut 250 Millionen Mark will Neuhaus in den nächsten zwei bis drei Jahren durch Fusionen der Großhandelsbetriebe und ein straffes Kostensenkungsprogramm einsparen. Und dabei geht der Familienvater mit gutem Beispiel voran. »Hart, effektiv und sparsam zu arbeiten und zu wirtschaften, fängt oben an und kann nicht delegiert werden«, so sein Credo.

Dass jetzt ein neuer Wind weht, bekommen die EDEKA-Mitarbeiter schnell zu spüren. Neuhaus verkauft die Gewürz- und Honigabpackerei sowie die Spirituosenkellerei in Berlin. Die Aufträge werden an Fremdfirmen vergeben. Im Bereich Logistik und Transport kommen alle Steuerungsprozesse auf den Prüfstand. Neuhaus beendet auch das 1980 begonnene teure Horten-Abenteuer. Insgesamt reduziert er so den Verlust von rund 30 Millionen Mark 1985 auf weit unter 10 Millionen Mark nur zwei Jahre später.

Auch bei den Personalkosten setzt das Management den Rotstift an. Einzelbüros werden zu größeren Funktionseinheiten zusammengelegt, überzählige Schreibkräfte gestrichen. Die Mitarbeiter sollen in Zukunft hausintern weniger schreiben und mehr miteinander sprechen. Innerhalb von zwei Jahren baut der Vorstand 430 Stellen ab. Bald stehen die Räume in der dritten Etage des EDEKA-Hauses leer und werden von der Firma IBM angemietet.

Der neue Führungsstil findet nicht nur Zustimmung. Doch Neuhaus fordert: »Machen wir uns frei von Emotionen, die es in einem Wirtschaftsunternehmen, das im harten Wettbewerb steht, einfach nicht geben darf.« Und die Radikalkur macht sich bezahlt. Allein in den ersten beiden Jahren spart die Gruppe 106 Millionen Mark ein, davon entfallen gut 42 Millionen auf die Zentrale.

Schleppender entwickelt sich die Zusammenlegung des Großhandels. Das Strukturkonzept sieht die Fusion der damals 31 Betriebe zu 10 bis 11 Einheiten mit Umsätzen von je über einer Milliarde Mark innerhalb der nächsten drei Jahre vor. Denn fast die Hälfte der Großhandlungen erwirtschaftet unter 500 Millionen Mark, fünf erreichen nicht einmal 200 Millionen. Das ist zu ineffizient und

Fusionen auf der Großhandelsebene sparen Geld ...

... das vor allem dem Einzelhandel zugute kommt

teuer. Durch die Fusionen will Neuhaus 200 Millionen Mark einsparen, die konsequent in die Optimierung der Einzelhandels-Standorte der EDEKA-Gruppe investiert werden sollen. Er geht mit viel Fingerspitzengefühl vor und verbringt die Hälfte seiner Arbeitszeit mit Verhandlungen in den Regionen. Bis 1987 reduziert sich die Zahl der Betriebe auf 28. Ein Jahr später gibt es 23 und 1989 nur noch 18 Großhandlungen. Neuhaus erkennt, dass die Fusionen mehr Zeit benötigen und sich auch noch bis weit in die 90er Jahre hinziehen werden. Mitverantwortlich für den zähen Verlauf ist die Tatsache, dass jede einzelne Großhandlung unter dem EDEKA-Dach völlig anders organisiert wird. Vom Sortiment bis hin zum Kalkulationssystem und der EDV verfolgt jeder Betrieb sein eigenes System. Diese Unterschiede führen dazu, dass einige Großhandlungen bis zu vier Prozent mehr Betriebskosten verursachen als andere. Eine gewaltige Differenz, wenn man berücksichtigt, dass diese Kosten in Form höherer Abgabepreise an die Einzelhändler weitergegeben werden. Und diese müssen sich ja mit ihren Preisen gegen die Angebote der Discounter behaupten.

Zuschüsse für größere Geschäfte

Trotzdem sparen die Großhandlungen bereits in den ersten beiden Jahren durch die Fusionen rund 60 Millionen Mark ein. Dieses Geld will der Vorstand 1988 in die Expansion mit größeren und moderneren Märkten stecken. Die Zentrale bezuschusst mit 20 Millionen Mark erstmals die Schaffung neuer Verkaufsflächen. Jeder EDEKA-Kaufmann bekommt einen Zuschuss von 100 Mark pro Quadratmeter, sofern er ein Geschäft von mindestens 300 Quadratmetern Verkaufsfläche eröffnen oder ein bestehendes Geschäft auf eine Verkaufsfläche über 300 Quadratmeter erweitern will. Allerdings muss der Markt vom Kaufmann selber geführt werden – an Konzessionäre vermietete Flächen sind nicht zuschussberechtigt. Zusätzlich vergünstigt die Zentrale auch die Beschaffung von Ladeneinrichtungen. In diesem Zusammenhang werden die Aufgaben der »Ladenbau- und Ausstattungsteams« auf die Großhandelsbetriebe übertragen. Zusammen mit der Übernahme des Investitionsgütergeschäfts durch die Zentrale zum Jahreswechsel 1987/88 können so Einrichtungsgegenstände im Schnitt bis zu 20 Prozent günstiger bezogen werden.

Um den Umsatzanteil größerer Geschäfte auszubauen, muss sich die Gruppe weitere Standorte sichern, etwa durch Beteiligungen an neuen Bauvorhaben oder den Abschluss langfristiger Mietverträge. Der Großhandel vermietet die Märkte dann an seine Mitglieder weiter. Geschäfte, die mangels Nachfolgers verloren zu gehen drohen, werden als »Regiebetriebe« von den regionalen Großhandlungen übernommen und weitergeführt. Damit bleiben die Standorte für die Gruppe gesichert.

1980 entfallen noch 45,8 Prozent des EDEKA-Einzelhandelsumsatzes auf Geschäfte mit einer Verkaufsfläche von bis zu

Zeitlos

Diese noch heute beliebten Marken entstehen:

1980 Alpro Soya
1981 Yes Torty
1981 Balisto
1983 Müller Milch
1986 Milka Lila Pause

Jürgen Cramer, Aufsichtsratsvorsitzender der EDEKA Minden-Hannover und Vorstandsvorsitzender der EDEKA Juniorengruppe e.V.

Das Beste für den Nachwuchs

Der Aufsichtsratsvorsitzende der EDEKA Minden-Hannover Holding besitzt 8 EDEKA-Geschäfte, hat dort selbst knapp 30 Auszubildende und ist darüber hinaus Vorstandsvorsitzender der EDEKA Juniorengruppe e.V.: Jürgen Cramer. Sein besonderes Augenmerk gilt der Personalentwicklung.

Warum ist Personalentwicklung so wichtig für EDEKA?

Eine Organisation ist nur so gut wie die Menschen, aus denen sie besteht. Die heutige Größe und der Erfolg der EDEKA basieren auf der Leistung von Menschen, unseren Mitarbeitern und Mitgliedern.

Wie hat sich die Personalentwicklung bei EDEKA in den letzten 100 Jahren verändert?

Bei EDEKA sind wir der Zukunft immer ein wenig voraus. Wir unterstützen Existenzgründer bereits seit 1930. Damals mit der Spara, heute ist es die EDEKA Juniorengruppe. Seit 1970 sichern wir uns mit dem Junioren-Aufstiegsprogramm den eigenen Nachwuchs. 1974 wird der Handelsfachwirt eingeführt. Es folgen Supermarktleiter-Seminare, das Programm »Führungskraft Handel« für Existenzgründer, das »Unternehmer-Kompetenz-Programm« als letzter Schliff für hervorragende Jungunternehmer und Mehrbetriebsunternehmer sowie der deutschlandweit erste Fortbildungsgang zum IHK »Fachberater Vertrieb« für Berater. Wir bieten auch als erstes Unternehmen seit 2006 einen berufsbegleitenden Studiengang zum Bachelor of Business Administration an, mit dem Führungskräfte der EDEKA-Gruppe einen akademischen Abschluss erwerben können.

Wie unterscheidet sich die Weiterbildung bei EDEKA von der in anderen Unternehmen?

Wir bieten im Handel die strukturierteste Nachwuchsförderung an. Viele aufeinander aufbauende Maßnahmen führen zielgerichtet zu verschiedenen Positionen – vom Marktleiter zur Selbstständigkeit, aber auch zur Gremienarbeit in Aufsichtsräten oder anderen Führungsaufgaben. Im Gegensatz zu anderen Unternehmen ist Personalentwicklung bei uns dezentral strukturiert.

Wie fördert EDEKA die Ausbildung ihrer Mitarbeiter?

Neben unserem betrieblichen Ausbildungsplan, der von den Regionalgesellschaften und der Zentrale gemeinsam erstellt wurde, bieten wir weitere Seminare. Darin werden Themen wie Warenkunde, Verkaufstraining oder Rechnungswesen vertieft. In lokalen, regionalen und nationalen Azubi-Projekten, bei denen man Preise gewinnen kann, animieren wir unseren Nachwuchs zu mehr Kreativität.

Trommeln gehört zum Handwerk

Bei den Umsätzen wird eine Trendwende erreicht

199 Quadratmetern, 34,8 Prozent auf Märkte zwischen 200 und 800 Quadratmeter und nur 19,6 Prozent auf Geschäfte über 800 Quadratmeter Fläche. 1988 sieht das Bild dann bereits ganz anders aus. Nur noch 27,1 Prozent vom Umsatz des EDEKA-Einzelhandels werden von den kleinen Geschäften erwirtschaftet, aber 40,2 Prozent von den mittleren und bereits 32,7 Prozent von den großen. Obwohl die Zahl der Märkte zwischen 1980 und 1988 von 20.700 auf 13.150 sinkt, erhöht sich die Verkaufsfläche durch diese Expansion von 2,8 auf 3 Millionen Quadratmeter.

Nach jahrelanger Stagnation entwickeln sich die Umsätze ab Mitte der 80er langsam aufwärts. Neuhaus hat eine Wende geschafft, die kaum einer für möglich gehalten hat. Der neue Vorstand bekommt dabei Unterstützung durch einen allgemeinen Konjunkturaufschwung in Deutschland. Die Importpreise sind rückläufig, es gibt wieder mehr Beschäftigte und somit mehr Kaufkraft. Durch eine Steuersenkung steigen das frei verfügbare Verbrauchereinkommen und damit auch die Umsätze im Einzelhandel.

Von 1985 bis 88 erhöht sich der Umsatz der Zentrale einschließlich Tochterfirmen von 11,4 auf nahezu 12 Milliarden Mark. Im Großhandelsbereich steigt der Umsatz von 14,2 auf 15,3 Milliarden. Steigende Umsätze und sinkende Kosten führen auch dazu, dass die Vergütungen, die an die Großhandlungen ausgeschüttet werden, 1988 auf 219,4 Millionen Mark anwachsen – ein Plus von 42,1 Prozent im Vergleich zu 1985.

Einzelhandelsumsatz der EDEKA-Gruppe in Mrd. DM

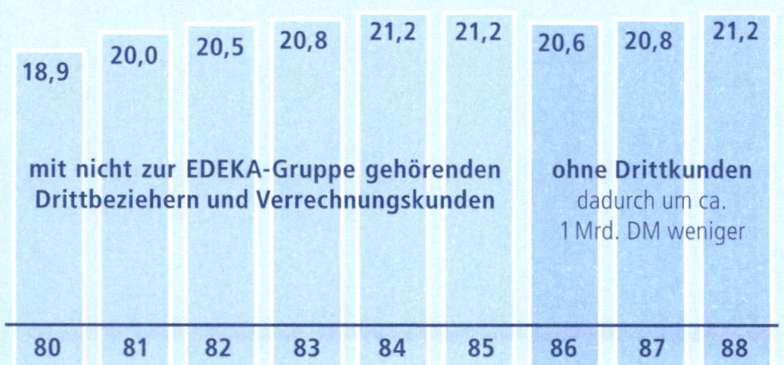

EDEKA verteilt Aufgaben neu

Parallel zum Rationalisierungsprozess kommt es 1986 zu einer Neuordnung innerhalb der EDEKA. Der Verband beschränkt sich in Zukunft weitgehend auf seine eigentliche Tätigkeit als Prüfungsverband für die EDEKA-Genossenschaften. Außerdem ist er zuständig für die Rechts- und Steuerberatung der gesamten Gruppe. Sonstige Betreuungs- und Beratungsfunktionen sowie seine Beteiligungen, beispielsweise an der EDEKA-Zentralhandelsgesellschaft mbH, gibt er an die EDEKA ZENTRALE ab. Durch diese Beteiligungen erweitern sich ab 1986 die Agentur- und Verrechnungsfunktionen der Zentrale, während sie durch die Übernahme der anderen Funktionen gleichzeitig die alleinige strategische Gesamtverantwortung für die weitere Entwicklung der Gruppe hat.

Leckerbissen

Er ist Kult – egal ob als Getränk oder als TV-Serie. Kein Schickeria-Mitglied wagt in den 80er Jahren, etwas anderes als ein Glas Kir Royal auf einer Cocktailparty in die Hand zu nehmen. Der angesagte Mix aus schwarzem Johannisbeerlikör, Cassis genannt, und Sekt oder Champagner ist ein absolutes Muss. Dem »Fußvolk« wird der aus Frankreich stammende Drink erst durch den Schickimicki-Klamauk von Regisseur Helmut Dietl bekannt. Seine sechsteilige Fernsehserie »Kir Royal« ist eine bitterböse Satire auf die feine Münchner »Bussi-Bussi-Gesellschaft« und wird 1986 ausgestrahlt. Noch heute zählt die Serie zu den besten, die das Deutsche Fernsehen je produziert hat.

In Testampullen werden die Lebensmittel analysiert ...

... und mit fachkundigem Blick von Experten begutachtet

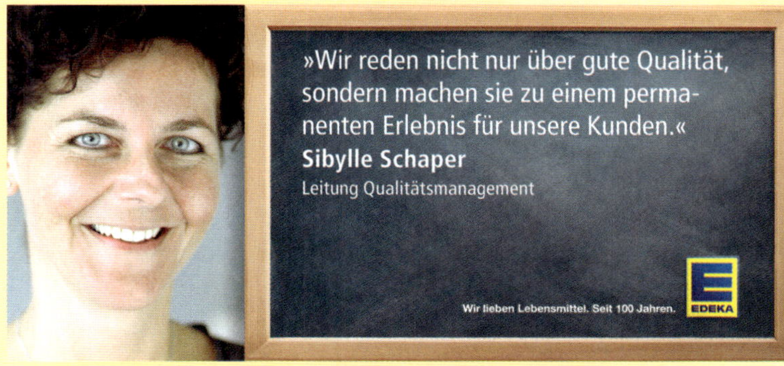

Eine Laborantin untersucht Proben in einer Petrischale

Auch der Geschmack von Säften wird getestet

Vertrauen ist gut, Kontrolle ...

Als Christel Berg aus Pommern ihre Arbeit aufnimmt, ist es in der Branche eine Sensation. Wir schreiben das Jahr 1952 und EDEKA ist die erste Handelsorganisation, die ihr eigenes Labor betreibt. Die 25 Jahre junge Chemotechnikerin ist mit dem Aufbau und der Leitung beauftragt. Ein harter Job: Schließlich sollen in den versteckten Räumen hinter dem Speisesaal des Hauses in der Hamburger Basedowstraße die EDEKA-Eigenmarken auf eine optimale Qualitätssicherung hin überprüft werden.

Die Anzahl der getesteten Produkte nimmt seit Beginn der 50er Jahre ständig zu. Parallel dazu erweitern sich die Aufgabenfelder. Neben den Eigenmarken überprüft das Labor in wachsendem Maße auch die Qualität anderer Artikel, etwa der zunehmenden Importwaren. Gleichzeitig wächst die Zahl an lebensmittelrechtlichen Vorgaben seitens des Gesetzgebers. Besonders in den 80er Jahren, in denen Lebensmittelskandale und Umweltkatastrophen die Bürger verunsichern, wird die Arbeit des Labors immer wichtiger. Zum einen wächst durch diese Ereignisse das Gesundheitsbewusstsein der Kunden. Zum anderen prüfen und bewerten in Deutschland immer mehr unabhängige Institutionen Lebensmittel. Besonders gesunde und wertvolle Produkte bekommen ein Gütesiegel. Diese Auszeichnungen sind natürlich verkaufsfördernd. Auch

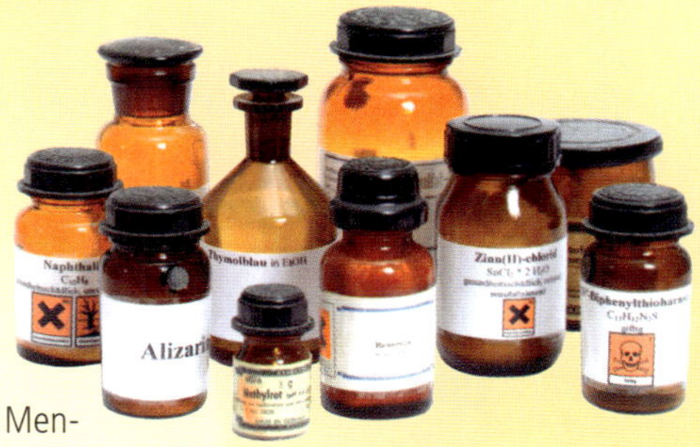

EDEKA bekommt für ihre Eigenmarken eine Menge Preise und Auszeichnungen. In den 70er Jahren wird eine Versuchsküche eingerichtet, in der sensorische Prüfungen an den Eigenmarken durchgeführt werden. Diese sind genauso wichtig wie die chemisch-technischen Analysen. Allein die Eigenmarkenuntersuchungen nehmen 1980 um 16 Prozent zu. 1983 werden 6.500 Artikel auf Spritzmittelrückstände, Gehalt von Schwermetallen und Ähnliches geprüft. Mancher Prüfvorgang spaltet sich in mehrere Einzelschritte auf, so dass letztlich über 40.000 Einzeluntersuchungen anfallen. Das Labor befasst sich auch mit Langzeitstudien. So testen die Chemiker, wie sich der Vitamingehalt einer Frischware durch Lagerung verändern kann. Die vom Labor ermittelten Ergebnisse fließen dann in einigen Fällen sogar in neue lebensmittelrechtliche Bestimmungen mit ein.

Heute sind die Zeiten eines hauseigenen Labors vorbei. Zu teuer, so das Fazit. Darum wurde die Prüftätigkeit an unabhängige Labore abgegeben. Einzig die sensorischen Prüfungen – auf Aussehen, Geruch, Geschmack und Konsistenz – werden immer noch intern durchgeführt. Kurz gesagt: Die chemische Analyse wurde ausgelagert, die Kontroll- und Überwachungsfunktion verblieb im Hause. Heute sorgt ein umfassendes Qualitätsmanagement für die Einhaltung aller Richtlinien, die rasche Klärung von Beanstandungen und die Information des Verbrauchers, zum Beispiel über das Internet.

EDEKA setzt auf Qualität

Trotz allmählich wieder anziehender Konjunktur achtet der Verbraucher in zunehmendem Maße auf die Preise. Daher wird im Lebensmitteleinzelhandel das Billig-Sortiment immer wichtiger. Der Wettbewerb läuft zunehmend über den Preis. Deutschlands Supermarktfilialisten reagieren und bringen eigene Produkte zu sehr günstigen Preisen auf den Markt. Doch EDEKA will auf den Sonderangebotszug noch nicht so recht aufspringen und hält mit Qualität dagegen.

Den Anfang macht der Filialist »Deutscher Supermarkt«. Mit so genannten No-Name-Produkten in einfachen Verpackungen, die günstig sind und nicht beworben werden, hat die spätere Rewe-Tochter den Discountern bereits vor Jahren den Kampf angesagt. Für den Preisvorteil müssen die Kunden allerdings oft kleine Abstriche bei der Qualität machen. Anfang der 80er folgen Tengelmann mit »A & P«, Gedelfi mit »Gut und billig«, Leibbrand mit »die Weißen«, Schaper mit »extra«, und auch Spar und Rewe werden aktiv. 1983 gibt es bereits 15 verschiedene Ranges mit mehr als 1.000 Artikeln. Doch der Kunde beginnt sich zu fragen, wie hoch eigentlich die Qualität dieser Produkte ist. Denn nicht nur die so genannte »Müslifraktion« setzt auf gesunde Ernährung. Auch immer mehr »Normalbürger« achten vermehrt auf das, was sie essen, und lesen beispielsweise die neue Verbraucherzeitschrift »Öko-Test«.

Die Alternativen

Um beiden Trends gerecht zu werden entwickelt EDEKA 1982 ein Konzept, das anfangs auch gut angenommen wird: »Marken mit Namen – im Niedrigpreisrahmen«. Ein Sortiment gängiger, für den täglichen Gebrauch benötigter Waren, das aus Eigenmarken und Markenartikeln namhafter Hersteller besteht und dauerhaft günstig ist: »Die Alternativen«. Das Sortiment aus 50 bis 70 Artikeln ist auf die jeweilige regionale und aktuelle Wettbewerbssituation zugeschnitten. Markenartikel werden allerdings nur aufgenommen, wenn ihre Preise nicht zu sehr über den No-Name- beziehungsweise Discounterpreisen liegen. Der Qualitäts-Schwerpunkt, den EDEKA mit den »Alternativen« setzt, wird auch in der Werbung aufgegriffen. Showmaster Michael Schanze preist in den TV-Spots für die Kampagne »EDEKA – immer in Aktion für Sie« singend die Frischequalität der EDEKA-Produkte an. Mitte der 80er Jahre wird das Konzept auf die sechs »EDEKA-Top-Punkte« erweitert: Qualität, Auswahl, Preisknüller, Frische, Beratung und Gewinnspiele. Mit dieser Kampagne unterstreicht EDEKA, dass die Gruppe dem Kunden mehr als nur günstige Preise bietet.

Der verunsicherte Verbraucher

In diesen Jahren werden die Nachrichten immer häufiger von Lebensmittelskandalen beherrscht, die den Verbraucher zunehmend verunsichern. 1981 vergiftet gepanschtes Speiseöl in Spanien über 20.000 Menschen, mindestens 350 sterben daran. 1985 erschreckt der »Schleuder-Ei«-Skandal die Deutschen. Angeblich ist

Die EDEKA-Offensive gegen Discountartikel läuft gut

Wirbt für die Frische bei EDEKA: Michael Schanze

Beflügelnd

Es schmeckt ein bisschen wie flüssige Gummibärchen: das Szenegetränk Red Bull. Aus deutschen Clubs ist das kleine Energiewunder, das am liebsten mit Wodka serviert wird, nicht mehr wegzudenken. Schließlich beflügelt es dank des hohen Zucker- und Koffeingehalts die Lebensgeister seiner Konsumenten. Wer wach sein will – sei es zum Lernen, Tanzen oder Arbeiten – greift zu Red Bull. Erfinder des süßen Tropfens ist der Österreicher Dietrich »Didi« Mateschitz aus der Steiermark. Er wird 1982 auf den in Thailand weit verbreiteten Energy Drink »Krating Daeng« aufmerksam. Mit einer überarbeiteten Rezeptur kommt Red Bull 1987 auf den Markt und wird sofort ein Verkaufsschlager. Heute gibt es Red Bull in 160 Ländern. Das Getränk hält weltweit einen Marktanteil von rund 70 Prozent bei den Energy Drinks.

Yuppies und Ökos

Reicher, schicker, dekadenter! So könnte der Schlachtruf der Yuppies aus den 80er Jahren lauten. Ihre Vorbilder sind die supergestylten Stars aus Serien wie Denver Clan und Dallas. Im krassen Kontrast dazu stehen die »Ökos«. Sie tragen »Atomkraft? Nein Danke!«-Buttons, demonstrieren für den Frieden und engagieren sich für die Umwelt. 1983 ziehen die Grünen mit Stricksocken und Sonnenblumen in den Bundestag ein.

Oben links: Poppiges Make-up ist total angesagt
Unten links: Die Grünen kämpfen engagiert für die Umwelt, Joschka Fischer wird hessischer Umweltminister
Unten rechts: Die Stars aus der TV-Serie Denver Clan, Blake (John Forsythe) und Krystle (Linda Evans)

für die Herstellung von Nudeln verunreinigtes Flüssigei verwendet worden. Zur selben Zeit entdecken Lebensmittelchemiker in Deutschland und Österreich Wein, der mit Glykol, einem Frostschutzmittel, versetzt wurde. 1987 wird dem Fischfan der Appetit verdorben. Fadenwürmer haben sich in den Fischen eingenistet. Die Reaktion der Verbraucher ist ein oft pauschaler Boykott all dieser Waren. Und den spüren nicht nur die Hersteller, sondern auch die EDEKA-Einzelhändler. Die hören immer öfter Kommentare wie »Gibt's überhaupt noch etwas Unbelastetes?« oder »Egal, was wir essen, es ist ja eh überall Gift drin!«. Dabei sind die Lebensmittel nicht schlechter, sondern die Kriterien strenger und die Untersuchungsmethoden in den Laboren besser geworden.

Der Gesundheit zuliebe

Die EDEKA-Kunden greifen vermehrt zu den Wertkost-Produkten, die Qualität auf höchstem Niveau garantieren. Doch bald bekommt Wertkost Konkurrenz. Die Firma Schneekoppe bietet ihre Artikel, die sie vorher nur in Reformhäusern verkauft hat, nunmehr auch im Lebensmitteleinzelhandel an. Hinzu kommen die zahlreichen Ökoläden, die überall in den Metropolen öffnen. 1983 existieren in Hamburg bereits 25 Geschäfte für Bio-Produkte.

Parallel wächst das Bedürfnis nach schnell und einfach zuzubereitenden Gerichten sowie nach längerer Lagerfähigkeit der Einkäufe. Entsprechend steigt der Absatz der 80er Jahre rasch um 20 Prozent, mit besonders hohen Zuwächsen bei Convenience-Produkten wie Halbfertig- und Fertiggerichten.

Der Trend geht einher mit der demografischen Entwicklung: 1960 gab es nur 20,6 Prozent Einpersonen- und 26,3 Prozent Zweipersonen-Haushalte in Deutschland, denen 53,1 Prozent Mehrpersonen-Haushalte gegenüberstanden. 30 Jahre später hat sich das Bild stark zugunsten der Singles verschoben. Mit 35,0 Prozent rücken sie zusammen mit den Paaren, die 30,2 Prozent ausmachen, deutlich vor die Gruppe der Familien, die nur noch 34,8 Prozent der Haushalte bilden. Diese Entwicklung verändert das Konsumverhalten. Denn Singles und Paare kaufen weniger ein und kochen auch nicht so oft wie Familien mit Kindern. Stattdessen gehen sie lieber in Restaurants. Im Supermarkt greifen sie statt zur Familienpackung eher zu kleineren Portionsgrößen. Dafür können sie sich aber auch mehr leisten und sind bereit, für gute Qualität höhere Preise zu zahlen.

Wachsendes Umweltbewusstsein

Neben dem Gesundheitsbewusstsein wächst in Deutschland auch der Umweltgedanke. Immer mehr Bürger sorgen sich um die ständig größer werdenden Müllberge. Anfang der 80er Jahre werden in Deutschland flächendeckend Altglas-Recycling-Container aufgestellt. Gleichzeitig wird immer mehr Bier in Dosen abgefüllt. Den Politikern gefällt das gar nicht. Sie diskutieren bereits zu dieser Zeit über einen Gesetzesentwurf zur Zwangsbepfandung von Einweggebinden, einen Vorreiter des Dosenpfands.

Doch all dies wird unvermittelt überschattet von einem Ereignis in der scheinbar so weit entfernten Ukraine. Am 26. April 1986 um 1.24 Uhr explodiert Block 4 des Atomkraftwerkes Tschernobyl bei Kiew infolge eines außer Kontrolle geratenen Sicherheitstests. Bei dieser schlimmsten Nuklearkatastrophe seit dem Zweiten Weltkrieg werden 6 Tonnen radioaktives Material und brennendes Graphit frei. Eine atomare Wolke zieht über Europa und Asien, die in den folgenden Jahren tausende Menschen sterben lässt. Das Bundesamt für Strahlenschutz meldet 2006, dass Pilze und Fleisch von Wildtieren in Bayern auch 20 Jahre nach der Katastrophe noch hoch belastet sind. Fleisch von Wildschweinen aus dem bayrischen Wald weist eine durchschnittliche Belastung auf, die fast elfmal höher liegt als der Grenzwert für Nahrungsmittel festlegt. Bauern und Lebensmittelhändler trifft der Gau besonders hart. Die Ernteerträge müssen vernichtet werden. Salat und Gemüse, aber auch

Die »Ökos« entdecken Dinkel für gesundes Kochen

Verseucht: der Tschernobyl-Reaktor bei Kiew

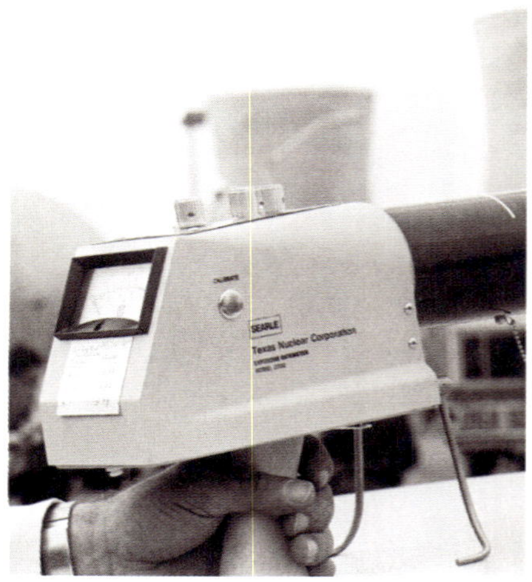
Gefährlich: Der Geigerzähler zeigt die Radioaktivität

Milch- und Fleischprodukte sind verseucht. Die verwirrenden und widersprüchlichen Anordnungen der Behörden verunsichern die Verbraucher. Sie lehnen Frischwaren komplett ab und kaufen fast ausschließlich Tiefkühlkost oder Dosennahrung. Und während die Erzeuger vom Staat eine Entschädigung für ihre Ausfälle bekommen, bleibt der Handel auf den Verlusten sitzen. Darum appellieren die Kaufleute an den damaligen Bundesernährungsminister Ignaz Kiechle, auch hier einen Schadensausgleich zu bewirken. Die handelsrundschau berichtet: »Im Lebensmitteleinzelhandel wären große Folgeschäden vermieden worden, wenn es nach dem Reaktorunfall eine koordinierte und widerspruchsfreie Informationspolitik der Bundesländer gegeben hätte.«

Ein Hit seit den 80er Jahren: Tomate mit Mozzarella

Wussten Sie …?

Die Vorspeise der 80er Jahre ist der Insalata Caprese (Tomate, Mozzarella, Basilikum). Mozzarella, einen Büffel- und Kuhmilchkäse aus Italien, gibt es erstmals abgepackt in jedem Supermarkt zu kaufen. Und auch frisches Basilikum wird durch diese kleine Mahlzeit bei den Deutschen immer beliebter. Übrigens: Trotz massiver Mozzarella-Einfuhr exportiert die Bundesrepublik 1981 erstmals in ihrer Geschichte mehr Käse ins Ausland, als sie von dort importiert.

Das Ziel ist noch nicht erreicht

Bei EDEKA gehen die Reformbemühungen weiter. Von einem national gemeinsamen Einkauf ist die Gruppe immer noch weit entfernt. Dadurch gehen wertvolle Rabatte verloren.

1989 weist Horst Neuhaus bei einem Treffen mit 150 Industrielieferanten in Hamburg auf das neue Image der EDEKA hin. Er verweist auf das breite EDEKA-Sortiment und appelliert an die Lieferanten, die Listung so vieler Produkte entsprechend zu honorieren. Andernfalls müsse die EDEKA über eine Reduzierung der Sortimentsbreite nachdenken. Schließlich werden, so Neuhaus, nur mit 20 Prozent der Artikel rund 80 Prozent des Umsatzes gemacht.

Als problematisch erweist sich nach wie vor auch der Kampf für einheitliche Vertriebskonzepte. 1987 betreiben 1.000 Einzelhändler bundesweit Geschäfte mit einer durchschnittlichen Verkaufsfläche von rund 400 Quadratmetern unter dem Namen EDEKA aktiv markt. Doch die 1.000 Regiebetriebe der Gruppe, auf die mit rund 5,3 Milliarden Mark ein Viertel des Umsatzes entfällt, firmieren unter rund 100 verschiedenen Namen wie Alueda, Globus oder Herkules, ohne dass ein EDEKA-Logo auf die Zugehörigkeit hinweist.

Trotz dieser noch nicht gelösten Probleme, der wachsenden Konkurrenz durch Discounter und der auch sonst schwierigen Rahmenbedingungen hat sich EDEKA Ende der 80er Jahre deutlich besser positioniert. Dieser Erfolg ist vor allem den Reformen von Horst Neuhaus zuzuschreiben, die sich allerdings erst im nächsten Jahrzehnt auszahlen werden.

Kurz & Gut

Zu jeder Zeit: EDEKA Obst- und Gemüsekonserven

Buttons für Nachwuchskräfte: So modern wirbt EDEKA 1984 um Azubis

Überall beliebt: »Die kluge Hausfrau« findet immer neue Leser

Qualität hochhalten: für die EDEKA oberstes Gebot

Naturrein: Ekalinchen liebt den eka Gold Blütenhonig

1989 bis 1999

Jeden Tag lerne ich mehr über Lebensmittel,
jeden Tag macht mir meine Ausbildung mehr Spaß.

Ines Kokemoor, geboren am 15.11.1989

Mauerspechte: Beton als Souvenir

Freiheit: Ost- und Westdeutsche feiern die Einheit

Folgt Kohl: SPD-Mann Gerhard Schröder wird Kanzler

Historisch: Auf diesem Stück Berliner Mauer haben Helmut Kohl, George Bush und Michail Gorbatschow unterschrieben

Aufbau Ost

Gorbatschows Perestroika und die Proteste der DDR-Bürger reißen die Mauer nieder. EDEKA leistet Pionierarbeit im Osten. Helmut Kohl wird von Gerhard Schröders rotgrüner Regierung abgelöst.

EDEKA-Meilensteine

1989 EDEKA beteiligt sich an der AVA AG, der Nanz-Gruppe und der Wilhelm Klages GmbH & Co. sowie an der dänischen HOKI A/S

1991 Gründung der tschechischen CS EDEKA als 100-prozentige Tochtergesellschaft der EHG Südbayern

1993 EDEKA beteiligt sich an der Gedelfi GmbH in Köln

1997 Einrichtung von drei Kooperationsgesellschaften als Vorstufe des gemeinsamen nationalen Einkaufs

1998 Ausbau der Kooperation mit der österreichischen ADEG-Gruppe: Erwerb gegenseitiger Beteiligungen

Es ist kalt und regnerisch, als der SED-Chef von Ostberlin, Günter Schabowski, an diesem Donnerstagabend, dem 9. November 1989, um 18.57 Uhr vor die Kameras des DDR-Fernsehens tritt. Was er dann stockend von einem Zettel vorliest, verändert die Nachkriegsordnung der letzten 40 Jahre: »Privatreisen nach dem Ausland können ohne Vorliegen von Voraussetzungen (Reiseanlässe und Verwandtschaftsverhältnisse) beantragt werden. Die Genehmigungen werden kurzfristig erteilt. Ständige Ausreisen können über alle Grenzübergangsstellen der DDR zur BRD beziehungsweise zu Berlin (West) erfolgen.« Fassungslose Stille, Ungewissheit füllt die Luft. Auf Nachfrage eines Journalisten fügt Schabowski hinzu, die neue Regelung gälte »sofort, unverzüglich«. Zwei Worte, die Tausende von ihren Sofas reißen und hin zu den Grenzübergängen.

Losgetreten wurde diese friedliche Revolution durch die pro-westliche Politik von Perestroika und Glasnost des sowjetischen Parteichefs Michail Gorbatschow und die Protestschreie der DDR-Bürger »Wir sind das Volk« auf den Straßen Leipzigs und Berlins. Ihr Echo lässt erst Honecker, später das gesamte Politbüro zurücktreten.

Völlig unvorbereitet auf den Massenansturm öffnen sich am 9. November 1989 um 23.14 Uhr in Berlin die Schlagbäume. Die Menschen strömen in den Westen, trinken Sekt und tanzen mit Tränen in den Augen gemeinsam mit ihren Brüdern und Schwestern »der anderen Seite« unter dem Brandenburger Tor. Die Mauer ist gefallen. Deutschland und EDEKA stehen vor einer neuen großen Herausforderung: dem Aufbau Ost!

Seit diesem Donnerstag ist nichts so beständig wie die Veränderung. Die Ereignisse überschlagen sich. Zuerst trifft es die EDEKA-Kaufleute, die ihre Geschäfte nahe der Mauer haben. Noch verkatert vom Feiern am Vorabend, werden sie bereits am nächsten Tag von Zehntausenden DDR-Bürgern überrannt. Das Wort »EDEKA« ist besonders den älteren DDR-Kunden noch von früher ein Begriff. Hungrig nach der jahrelang entbehrten Westware, stürmen die Ostdeutschen in die Geschäfte und räumen die Regale leer. Frische Südfrüchte wie Orangen und Bananen, aber auch Schokolade, Bohnenkaffee, Strumpfhosen und Hygieneartikel wie Deosprays

Tausende DDR-Bürger strömen in die Bundesrepublik

Ein DDR-Mädchen freut sich über ihre neue Barbie

Die Ostdeutschen sind verrückt nach Bananen

und Zahnpasta sind besonders begehrt. »Langsamdreher« werden über Nacht regelrechte »Verkaufsrenner«.

Die DDR-Bürger bewundern die gefüllten Regale und die geschmackvolle Einrichtung der Läden. Die Frauen staunen über SB-Waagen in der Obst- und Gemüseabteilung. So etwas kennen sie nicht. Daheim sind die Supermärkte grau und trist. Man erkennt sie an der Aufschrift »Waren täglicher Bedarf« oder »Speisenversorgung«. Solche »Konsum«-Geschäfte sind mehr mit einem Lager als mit einem Laden zu vergleichen. Von Einkaufserlebnis keine Spur. Einige wissen nicht, wie sie sich im modernen Supermarkt bewegen sollen. »Da war zum Beispiel ein älterer Herr«, schreibt die handelsrundschau, »der sich nicht traute, durchs Drehkreuz am Eingang zu gehen. Er meinte, erst zum Betreten des Ladens aufgefordert werden zu müssen.« Als ihn der EDEKA-Kaufmann aufklärte, antwortete der Herr: »Man verblödet eben, wenn man 40 Jahre eingesperrt ist ...«

Wegen Überfüllung geschlossen

EDEKA-Mehrbetriebsunternehmer Horst Faber aus Berlin erinnert sich an die hektischen ersten Stunden: »Wir haben immer wieder für gewisse Zeiträume schließen müssen, um den Betrieb im Griff zu behalten, die Sicherheit und einen geregelten Kundendurchlauf gewährleisten zu können. Ein solches Gedränge habe ich höchstens bei Geschäftseröffnungen – und dann nicht über den ganzen Tag – erleben können.« Verwandtschaft und Teilzeitkräfte helfen rund um die Uhr.

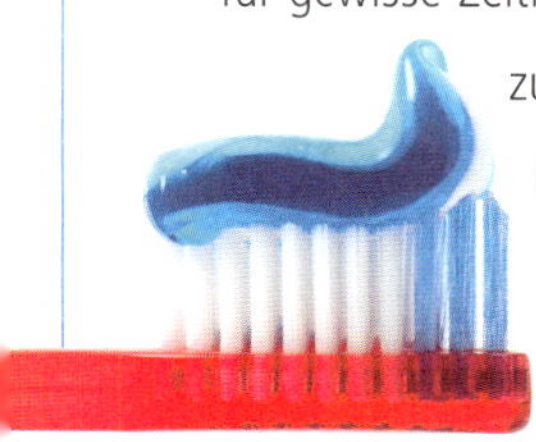

»Der helle Wahnsinn«

Auch EDEKA-Kaufmann Ernst-Joachim Petersen aus Lüneburg wird von den Ereignissen mitgerissen. »Wir wussten überhaupt nicht, was los war«, erinnert er sich. Beim Einwohnermeldeamt, das nur wenige Schritte von Petersens Geschäft entfernt ist, bildet sich am Sonntag nach dem Mauerfall eine lange Schlange. Die DDR-Bürger holen ihr Begrüßungsgeld von 100 Mark ab. Mit den »blauen Kacheln« in der Hand, wie die 100-Markscheine im Osten heißen, drücken sie sich die Nase an den Geschäften platt. Petersen entschließt sich spontan, gegen 10.30 Uhr seinen Laden zu öffnen: »Bereits fünf Minuten später musste er wegen Überfüllung geschlossen werden ... Der Ansturm war so stark, dass wir die DDR-Kunden immer nur schubweise hereinlassen konnten.« Bei den EDEKAnern klingeln die Kassen. Einige Märkte verbuchen im November und Dezember 1989 Umsatzzuwächse von bis zu 400 Prozent. »Der helle Wahnsinn«, meint Kaufmann Rieß aus Rodach. Insgesamt reisen 1989 knapp zehn Millionen DDR-Bürger nach Westdeutschland. Pro Besuch geben sie allein im Dezember 125 Mark aus. Insgesamt kaufen die DDR-Kunden in dieser Zeit Produkte mit einem geschätzten Wert von drei bis vier Milliarden Mark.

Ausverkauft: Die Regale der EDEKA-Läden an der Grenze sind wie leergeräumt

In Scharen reisen die überglücklichen DDR-Bürger mit ihren Trabis in den Westen

Zeitlos

Diese noch heute beliebten Marken entstehen:

1996 Lift Apfelschorle

1996 Danone Actimel

1998 NIVEA Beauté

1998 Langnese Cremissimo

1999 Leibniz Pick Up

1999 Febreze

Pionierarbeit leisten

Für EDEKA ist der Fall der Mauer der Startschuss zur Erschließung eines neuen Marktes. Dabei heißt das Gebot der Stunde: schnelles Handeln. Als Erster vor Ort sein, Standorte sichern, Kooperationspartner suchen, der Konkurrenz immer einen Schritt voraus. Während der damalige Wettbewerber Spar die wenig attraktiven Flächen der staatlichen Handelsorganisation HO übernimmt, arbeitet EDEKA mit vielen aussichtsreichen Konsumgenossenschaften zusammen – mit Erfolg. Schon drei Jahre nach der Wende verbucht die Gruppe in Ostdeutschland einen Umsatz von 5,5 Milliarden DM und ist Marktführer.

Kaum sind die Grenzen offen, stürmen die Standortsicherer der sechs grenznah gelegenen Großhandlungen Nord, Berlin, Minden-Hannover, Hessenring, Marktredwitz und Nordbayern gen Osten. Aufbruchstimmung – überall. Auch die Geschäftsführer der EDEKA Minden-Hannover, Dirk Schlüter und Alfons Frenk, brechen eines frühen Morgens zusammen mit Kollegen auf. Sie suchen neue Märkte und Geschäftspartner, die künftig von EDEKA beliefert werden wollen. Monatelang reisen sie von Ort zu Ort, übernachten in kargen Privatzimmern. Auch an die Mentalität mancher Ostfunktionäre müssen sie sich erst gewöhnen.

Die Straßen gleichen oft Schotterpisten, Telefonieren ist reine Glückssache, Datenleitungen sind eine Utopie. Allzu krasse Realität hingegen ist leider die bürokratische Behinderung durch die Behörden. Die Verhandlungen verlangen viel Fingerspitzengefühl, werden oft zu einer Probe der Geduld. Trotz aller Hindernisse kann EDEKA die Konkurrenz abhängen. Sie ist schneller, entscheidungsfreudiger, vertrauenswürdiger. Und das zahlt sich aus: Viele Großhandlungen verbuchen Umsatzrekorde – zum Beispiel die EDEKA Berlin, die 1990 ein Plus von 41,3 Prozent erzielt. Anfang 1991 verfügt die Gruppe in den neuen Bundesländern über 1.400 Ladengeschäfte mit insgesamt 200.000 Quadratmetern und einem Umsatz von zwei Milliarden DM.

Erfindungsreichtum

Einige Kaufleute, die kein Geschäft in der Nähe der Grenze haben, wie der EDEKAner Tengler aus Mellrichstadt, werden erfinderisch. Tengler packt seinen Kombi mit Bananen und Orangen voll und positioniert sich in der Nähe von Bushaltestellen. Täglich reisen dort Hunderte von DDR-Bürgern zum Einkaufen an. Tenglers mobiler Markt ist eine Goldgrube. Die Ware geht weg wie warme Semmeln. Mehrfach täglich holt der Kaufmann neue Früchte aus seinem Geschäft. Seinen Standort muss er regelmäßig wechseln, da die Aktion nicht ganz legal ist. Die Ware bietet er zu glatten Preisen an.

Sein Werbeslogan: »Straße der runden Mark«. Am 21. November mietet Tengler bei der Deutschen Bundesbahn einen Güterwagen für 25 Mark pro Tag an und eröffnet auf dem Bahnhofsgelände eine Filiale. Die EHG Nordbayern liefert bis an den Waggon.

Auch der heutige Aufsichtsratsvorsitzende Peter Simmel zögert nicht lange: Er bereist die DDR, sucht Standorte, beliefert sie kurzerhand mit dem eigenen Wagen. Und legt so den Grundstein für ein neues, großes Unternehmen: die Simmel AG, aktuell mit 30 Märkten und einem Umsatz von 70 Millionen Euro.

Hilfe zur Selbsthilfe

Ab Juli 1990 wird die D-Mark offizielles Zahlungsmittel in der DDR. Am 3. Oktober ist Deutschland auch vertraglich wieder vereint. Bonn wird bald von Berlin als Hauptstadt abgelöst. Auf der Leipziger Messe stellt Vorstand Horst Neuhaus die Position und Strategie der EDEKA in der DDR vor. »Hilfe zur Selbsthilfe« lautet das Motto. Selbstständige Kaufleute sollen Verkaufsflächen von mindestens 200 Quadratmetern führen. Die kleineren Läden können gar nicht die Sortimentsexplosion verkraften, die im Osten nach der Wirtschafts- und Währungsunion der beiden deutschen Staaten einsetzt. Laut Beschluss von Vorstand und Aufsichtsrat sollen bei einer Privatisierung zuerst die jeweiligen Mitarbeiter gefragt werden, ob jemand von ihnen das Geschäft übernehmen will. Wenn dies nicht der Fall ist, erhält es ein Kaufmann aus Westdeutschland nur dann, wenn er auch seinen Wohnsitz in den Osten verlegt.

Die sechs grenznahen Großhandelsbetriebe sind mit der Logistik für die Warenverteilung fast überfordert. Schnell wird klar, dass eine rasche Übernahme und anschließende Modernisierung und Kapazitätserweiterung von Großhandelslägern im Osten oberste Priorität hat. Es laufen Verhandlungen mit der Treuhandgesellschaft, die sich um die Privatisierung ehemals »volkseigener Betriebe« kümmert. Bis Ende April 1991 verfügt EDEKA über zehn derartige Läger mit einer Nutzfläche von 83.000 Quadratmetern. Neue Logistikzentren entstehen in Staßfurt und Bernau. Um landwirtschaftliche Produkte der DDR zu fördern, eröffnet in Dresden eine Niederlassung der Fruchtkontor GmbH. Diese wird jedoch Ende 1993 wieder geschlossen.

Auch während der folgenden Jahre investiert EDEKA erheblich in den neuen Bundesländern. So übernehmen die Regionalgesellschaften Minden-Hannover und Nordbayern zwischen 1992 und 95 schrittweise die rund 200 Märkte der in Konkurs geratenen Konsumgenossenschaft Halle und ihrer ehemaligen Tochter, der Kondi-Discount-Waren-Handelsgesellschaft.

Wissen sichert Existenzen

Mit Schulungsmaßnahmen, Know-how- und Kapitaltransfer will EDEKA tüchtigen Kaufleuten eine dauerhafte Existenzgrundlage liefern und in der DDR den Mittelstand aufbauen. Die neuen Kaufleute und Marktleiter aus dem Osten werden durch Patenschaften bei selbstständigen Kollegen im Westen eingearbeitet.

Im März 1990 appelliert die EDEKA Hessenring an alle ihre Mitglieder, die Kollegen im Osten zu unterstützen. Zum Beispiel mit ausrangierten technischen Geräten und Laden-Einrichtungen. In der DDR mangelt es nämlich nicht nur an Ware, sondern auch an Geschäftseinrichtung und Arbeitsgeräten jeglicher Art. Kühltruhen, Registrierkassen, elektrische Waagen, Schneidemaschinen, Preisauszeichnungsgeräte und vieles mehr werden dringend benötigt. Neben einem leistungsfähigen Distributionssystem braucht EDEKA vor allem Verkaufsflächen. 1991 investiert die Gruppe gut 250 Millionen DM in die neuen Bundesländer, ein Jahr später doppelt so viel. Zwischen 1991 und 1999 finanziert die EDEKABANK AG Kredite in einer Höhe von fast 278 Millionen DM und schafft damit neue Verkaufsflächen für den selbstständigen EDEKA-Einzelhandel von insgesamt 167.857 Quadratmetern.

Nach der Wende: EDEKA-Großhandelsbetriebe im Westen und -Genossenschaften im Osten

Eine der Ersten: EDEKA liefert in den Osten

Auslaufmodelle: die Münzen der DDR

Der Kater danach ...

Am Anfang wird wild gefeiert. Doch schon kurz darauf weicht die Freude dem Frust, denn die Wiedervereinigung erweist sich als nicht ganz unproblematisch. Die Wessis beschweren sich über den Solidaritätszuschlag, der den Aufbau des maroden Ostens vorantreiben soll. Die Ossis fühlen sich oft wie Menschen zweiter Klasse. Sie klagen über den Kapitalismus, der ihnen ihrer Meinung nach die Arbeit genommen hat.

Oben links: Die Deutschen feiern die größte Spontanparty aller Zeiten an der Berliner Mauer
Unten links: Baufällige und verwahrloste Gebäude im Osten erfordern viel Aufbauarbeit
Unten rechts: Tausende DDR-Bürger springen in ihre Trabis und erobern den Westen

Aufbruchstimmung

Er war einer der Männer der ersten Stunde: Dirk Schlüter (59), Sprecher der Geschäftsführung der EDEKA Minden-Hannover. Kurz nach dem Mauerfall fuhr er mit seinem Geschäftsführerkollegen Alfons Frenk in die damalige DDR, um Pionierarbeit zu leisten. Ihre Mission, den Markt in Sachsen-Anhalt zu erschließen, war nicht immer einfach. Aber am Ende sehr erfolgreich.

Engagiert: Dirk Schlüter, seit 1991 Geschäftsführer und heute Sprecher der Geschäftsführung der EDEKA Minden-Hannover Holding GmbH

Wie war die Stimmung bei der EDEKA Minden-Hannover nach dem Fall der Mauer?

Es herrschte Aufbruchstimmung. Ich vergesse nie die Frage eines Kollegen, als wir in aller Herrgottsfrühe auf dem Weg in den Osten waren. Er sagte: »Hört mal, kann mir jemand sagen, warum wir dahin fahren? Hat uns jemand gerufen, hat uns jemand geschickt?« Natürlich nicht! Es ging einfach darum, einen neuen Markt zu erschließen. Das bedeutete, schneller und besser zu sein als die Konkurrenz. Durch die für uns völlig neuen Rahmenbedingungen mussten wir oft intuitiv handeln. Die Gesellschafter hatten uns freie Hand gegeben. Es war wahnsinnig aufregend, denn Unsicherheiten gab es reichlich. Zum Beispiel mussten wir abwägen, zu welchem Kurs wir liefern, auf welchen Partner wir setzen, ob wir uns an bestehenden Strukturen beteiligen oder die Märkte nur beliefern. Alles Entscheidungen mit Unsicherheiten.

Worin lagen die Schwierigkeiten beim Aufbau Ost?

Als Erstes in der Infrastruktur. Es gab keine Datenleitungen. Unsere Aufträge haben wir nachts mit dem Kurier nach Helmstedt gebracht. Das Autotelefon funktionierte nur an bestimmten Stellen. Die Straßen waren marode. Von Minden nach Halle haben wir drei statt sechs Stunden mit dem Auto gebraucht. Das zweite Problem war die schleppende Entscheidungsfreudigkeit der Behörden. Man ließ uns lange warten. Unsere Anträge mussten wir unter verhörähnlichen Bedingungen stellen. Als Antwort hörten wir dann Sätze wie: »Wenn mir diese Zuarbeit vorliegt, werden wir auf der Grundlage dieser Zuarbeit in Überlegungen einsteigen, wie wir die Vorbereitungen zum Abschluss eines Vertrages in Angriff nehmen«. Auch das Währungsrisiko zwischen November 1989 und Juni 1990 hat uns Kopfzerbrechen bereitet. Und der Zustand der Logistik war sehr ernüchternd.

Wie hoch waren die Kosten?

Bis heute hat die EDEKA Minden-Hannover 800 Millionen Euro in den neuen Bundesländern investiert. 1990, in unserem ersten Jahr, erwirtschafteten wir in Sachsen-Anhalt einen Umsatz von 400 Millionen DM. 2001 waren es dann bereits 2,67 Milliarden DM.

EDEKA wird in Dänemark aktiv

Im Westen viel Neues

Ost und West, zwei Welten: In den neuen Bundesländern sind die Verbraucher hungrig nach Konsum, im Westen erfordert der gesättigte Markt strategische Entscheidungen. Darum setzt EDEKA das straffe Restrukturierungsprogramm konsequent fort. Trotz vieler Widerstände erreicht Vorstandschef Horst Neuhaus, dass weitere Großhandlungen fusionieren. Das Ergebnis: eine schlankere Verwaltung und Logistik – was deutlich Kosten einspart und die Effizienz erhöht.

Dies kommt der Wettbewerbsfähigkeit zugute. Die Marktanteile wachsen wieder. Die jahrelange Schwächephase ist vorbei. Frei werdende Mittel nutzt die Gruppe für Akquisitionen. Ab 1989 beginnt EDEKA mit einer gezielten Beteiligungspolitik, vorrangig bei Kooperationspartnern: Zuerst erwirbt die EDEKA ZENTRALE AG knapp 25 Prozent an der kurz vor ihrer Zerschlagung stehenden Bielefelder AVA Allgemeine Handelsgesellschaft der Verbraucher AG sowie 15 Prozent an der Stuttgarter Nanz-Gruppe. Damit engagieren sich die Genossen erstmals im Segment der Großflächen – speziell der SB-Warenhäuser. Ein intern heiß diskutierter Schritt. Als nächstes kommt eine 25-prozentige Beteiligung an der Wilhelm Klages GmbH & Co. in Lehrte, die sich die Zentrale und die EDEKA Minden-Hannover teilen. 1993 steigt die Gruppe mit 50 Prozent bei der Kölner Einkaufsgemeinschaft Gedelfi ein. Damit wächst der Absatz, was deutlich günstigere Konditionen im Wareneinkauf bringt. Zwei Jahre später folgt eine Mehrheitsbeteiligung an der Berliner Reichelt AG. All diese Beteiligungen baut die EDEKA in den Folgejahren aus – meist bis zur vollständigen Übernahme.

Auch die regional tätigen Großhandelsgesellschaften expandieren: 1992 übernimmt die EDEKA Baden-Württemberg die Gottlieb Handelsgesellschaft mbH in Freiburg im Breisgau. Sie führt vor allem im Südbadischen 124 Super- und Verbrauchermärkte sowie Discountgeschäfte. Ein Jahr später erwirbt die EDEKA Nord eine Mehrheitsbeteiligung an der Handelskette »Bona«. Das Unternehmen mit Stammsitz in Hohenwestedt hat auch einen eigenen Bäckerei- und Fleischereibetrieb.

Das Auslandsengagement beginnt 1989 mit einem 10-prozentigen Einstieg in die ebenfalls genossenschaftliche dänische HOKI A/S. Es folgen Beteiligungen in Österreich, Frankreich, Tschechien und Polen. Doch die meisten dieser Engagements sind nicht erfolgreich. Sie binden viel Kapital, stärken die Gruppe aber nicht im zusammenwachsenden europäischen Markt. Nur die Partnerschaft mit der HOKI A/S erweist sich als ausbaufähig. Bereits 1990 erhöht EDEKA die Beteiligung auf 50 Prozent und ändert den Firmennamen in EDEKA Danmark A/S. Die 82 Ekstra- (ab 150 Quadratmeter), 53 Merko- (mindestens 300 Quadratmeter) und 11 Trika-Märkte (über 450 Quadratmeter) werden mit dem blau-gelben »E« gekennzeichnet. Parallel zu all diesen Aktivitäten müssen immer mehr EDEKA-Ge-

Prickelnd

Sie ist flüssig gewordener Zeitgeist: Bionade – biologisch und gesund. Eine Erfolgsgeschichte »Made in Germany«, geboren aus der Not heraus. Die 90er sind hart für Dorfbraumeister Dieter Leipold aus Ostheim (Bayern). Der Biermarkt ist rückläufig, viele kleine Brauereien kämpfen ums Überleben. Auch die seiner Frau Sigrid Peter-Leipold. Doch ein langgehegter Traum von Leipold hält die Brauerei am Leben: eine Limo mit natürlichen Zutaten »für Kinder und Jugendliche«. Um das Projekt zu finanzieren, baut er die Brauerei für kurze Zeit in eine Disko um. 1995 ist es endlich so weit. Die Öko-Brause aus Biogerstenmalz und Wasser trifft eine Nische der Getränkebranche. Anfangs ist es noch schwer, Bionade in die Geschäfte zu bekommen. Doch als die Hamburger Szenekneipe Gloria die Limo 1998 erstmals anbietet, erobert sie von dort die Republik. Heute werden 22.000 Bionade-Flaschen pro Stunde und über 70 Millionen im Jahr produziert. 2004 klopfen die Cola-Bosse an und wollen Bionade kaufen. Doch der fränkische Braumeister lehnt ab.

Claus Hellwig zusammen mit seiner Frau

Startkapital: das Begrüßungsgeld

EDEKAner Claus Hellwig aus Ortrand im südlichsten Zipfel Brandenburgs ist bereits Kaufmann in der fünften Generation. Seine Eltern waren seit 1959 Mitglied der EDEKA Riesa. Als die Mauer kommt, wird der 100-Quadratmeter-Laden zum Kommissionshandel umfunktioniert. Fortan sind die Hellwigs mehr Warenverteiler als Unternehmer. Der Kampf ist hart. Denn der HO-Kommissionshandel wird weit schlechter mit Waren versorgt als die HO-Läden. Trotzdem wandeln die Eltern das Geschäft bereits 1970 – für die DDR zu dieser Zeit völlig untypisch – auf Selbstbedienung um. 1983 übernimmt Sohn Claus die Führung des Geschäfts und gibt dafür seinen sicheren Job auf. Doch der Ärger mit den Behörden frustriert ihn. Durch den Fall der Mauer schöpft er neue Hoffnung. Das größte Problem in den ersten chaotischen Tagen nach der Wende ist das Beschaffen von Ware. Die zuständige Konsumgenossenschaft gibt es kaum noch. Darum sucht Hellwig im Februar 1990 den Kontakt zur EDEKA Berlin. Anfangs wird seine Anfrage auf Mitgliedschaft noch zögerlich behandelt. Zu weit sei der Lieferweg, so das Argument. Hellwig nimmt die 400 DM Begrüßungsgeld (von ihm, seiner Frau und den zwei Töchtern) und kauft erstmal Obst und Gemüse. Die Ware lädt er in seinen Wartburg. Daheim verkaufen sich die Produkte mit Erfolg. Hellwig nimmt Westmark und trotzdem stehen die Kunden Schlange und reißen ihm die Ware aus den Händen. Am nächsten Tag fährt er wieder los. Zuerst mit seinem Wartburg, dann mit Wartburg plus Anhänger, wenige Wochen später mit Wartburg, Trabant und zwei Anhängern – und das zweimal pro Woche. Irgendwann beauftragt er einen Spediteur. Das große Engagement des Kaufmanns überzeugt letztendlich die Genossen. Heute misst sein Geschäft 650 Quadratmeter Verkaufsfläche.

schäfte mit zu kleinen Flächen aufgeben. Abgefedert wird dieser Prozess durch das Wachstum in den neuen Bundesländern. Hier werden in manchen Regionen mehr Märkte eröffnet als geschlossen. Darum sinkt die Zahl der EDEKA-Verkaufsstellen in den 90er Jahren insgesamt nur um 600. In den 80er Jahren waren es im Schnitt noch 900 bis 1.000 Objekte pro Jahr.

Massenarbeitslosigkeit im Osten

Schon kurz nach der Wende wird deutlich, dass die Wirtschaftsstrukturen der ehemaligen DDR äußerst marode sind. Fabrikanlagen sind völlig veraltet oder verschlissen und können nur mit horrenden Summen modernisiert werden. Oft bleibt kein anderer Ausweg, als die heruntergewirtschafteten Betriebe zu schließen. Das führt zu massiver Arbeitslosigkeit. Bereits ein Jahr nach dem Fall der Mauer titelt die handelsrundschau: »DDR-Arbeitsmarkt aus den Fugen«. Im Oktober 1990 verdoppelt sich die Zahl der Erwerbslosen innerhalb von nur zwei Monaten. Kein Wunder, dass jede vierte Mark bei Discountern ausgegeben wird. 1997 meldet die Regierung einen traurigen Rekord: In Deutschland sind 4,67 Millionen Menschen ohne Arbeit. Das hat es seit der Weimarer Republik nicht mehr gegeben. Hinzu kommt, dass Produkte aus dem Osten wegen ihres wenig attraktiven Erscheinungsbildes mit der Westware einfach nicht mithalten können und verschmäht werden. Selbst solche Dauerbrenner wie der legendäre Rotkäppchen-Sekt haben schwer zu schlucken: Wurden

Frisch gebacken: Jetzt gibt's auch sonntags Brötchen

Wussten Sie schon?

Frischer Brötchenduft am Sonntagmorgen. Was gibt es Schöneres? Seit 1996 können die Deutschen diesen Luxus jede Woche genießen. Seitdem dürfen nämlich deutsche Bäcker auch sonntags drei Stunden lang öffnen. Im Jahr 1998 nimmt nach einer Umfrage des Zentralverbandes des deutschen Bäckerhandwerks (ZDB) ein Drittel aller Betriebe diese Möglichkeit wahr. Die Brötchen kosten sonntags bis zu 55 Prozent mehr.

Arbeitslosigkeit: ein wachsendes Problem

1989 noch 15 Millionen Flaschen verkauft, sind es ein Jahr später nur noch 1,5 Millionen. EDEKA fördert die Ernährungswirtschaft im Osten und sichert Arbeitsplätze, indem sie ihre Eigenmarken verstärkt im Osten produzieren lässt. Für die Produzenten ein sicheres Standbein, denn Absatz und Umsatz wachsen.

1995 gehören in den neuen Bundesländern 1.666 Geschäfte zur EDEKA. Die durchschnittliche Verkaufsfläche beträgt 643 Quadratmeter. Drei Jahre später machen diese Geschäfte bereits gut 20 Prozent der gesamten Verkaufsfläche der EDEKA-Gruppe aus – zu dieser Zeit 5,15 Millionen Quadratmeter. Eine starke Aufbauleistung.

Einkaufswagen kosten nun eine Mark Pfand

Stagnierende Wirtschaft

Nach zehn Jahren kommt das Wirtschaftswachstum in Deutschland 1992 ins Stocken. Im Westen ist nur noch ein Plus von 0,9 Prozent zu verzeichnen. Im Osten sind es immerhin 6,4 Prozent. Doch der Schein trügt. Denn der vermeintliche Konjunkturaufschwung beruht überwiegend auf westdeutschen Transferzahlungen in beträchtlicher Höhe. Allein 1994 fließen 140 Milliarden DM in den Osten. Auch der deutsche Export verliert an Fahrt. Ausländische Investoren wenden sich ab. Deutschland ist ihnen zu teuer. Sie wandern weiter Richtung Osteuropa, Asien und Lateinamerika. Die von Helmut Kohl versprochenen »blühenden Landschaften« lassen auf sich warten. Dafür nehmen die Insolvenzen zu. Allein 1994 steigen sie um 25 Prozent. EDEKA steht aber entgegen diesem allgemeinen Wirtschaftstrend vergleichsweise gut da – hauptsächlich dank der radikalen Reformen von Horst Neuhaus. War in der Vergangenheit der Marktanteil der EDEKA von 20 auf 11,2 Prozent gefallen, so ist es in den letzten Jahren gelungen, ihn wieder auf 20,7 Prozent hoch zu schrauben. Während der Lebensmitteleinzelhandel 1996 bundesweit einen Umsatzrückgang von 1,4 Prozent konstatiert, kann EDEKA mit einem deutlichen Plus von 7,8 Prozent aufwarten. Doch noch immer fehlen nachhaltige Lösungen zur Discountabwehr.

»Gärtners Beste« steht für Frische und Qualität

Exklusiv bei EDEKA

1991 beschließen die Genossen, den Absatz der Eigenmarken unter dem Motto »Exklusiv bei EDEKA« zu forcieren. Um jedoch die Qualität noch mehr zur Geltung zu bringen, werden sie später unter dem Slogan »Eine Qualitätsmarke der EDEKA« gebündelt. Ab 1996 tragen die Artikel in der rechten unteren Ecke der Verpackung das neue blau-gelbe Qualitätssiegel. Im selben Jahr wird mit »Gärtners Beste« eine Qualitätseigenmarke für Gemüse kreiert. Das Gemüse wird umweltschonend angebaut, der Einsatz von Pflanzenschutzmitteln so weit wie möglich reduziert. Es wird nur ein Mindestmaß an Energie und Verpackungsmaterial eingesetzt und die Erzeugnisse zeichnen sich durch einen hervorragenden Geschmack aus. Neben der Betonung des Qualitätsaspekts wird der Wettbewerb ab 1995 auch verstärkt über die Preisgestaltung geführt. In diesem Jahr tritt EDEKA der europäischen Handelskooperation AMS (Associated Marketing Services AG) mit Sitz in der Schweiz bei. Ihre Mitglieder können das Anti-Discount-Sortiment EURO SHOPPER nutzen. Dieses noch im Aufbau befindliche Sortiment soll »aufgrund gemeinsamer europäischer Beschaffung bei noch vertretbaren Spannen eine Ladenpreisführung auf Discount-Niveau« sicherstellen. Unter dem Slogan »Grenzenlos & günstig« werden die verschiedenen Produkte angeboten. Ein wichtiger Schritt im Kampf gegen die Discounter, die 1997 im deutschen Lebensmitteleinzelhandel bereits einen Marktanteil von 30,4 Prozent erreicht haben.

Der Umwelt zuliebe

In den 90er Jahren wandeln sich die Deutschen zu Weltmeistern der Mülltrennung. Bis Ende 1992 wird das »Duale System« bundesweit eingeführt. Die

Altglas-Container: Die Deutschen trennen ihren Müll

Angst vor BSE: Viele verzichten auf saftige Steaks

Sherry with the soup: das legendäre »Pfefferwasser«

vom Verbraucher zusammengetragenen Verpackungsabfälle werden eingesammelt und recycelt. Für die tatsächliche Wiederverwertung sind die Hersteller verantwortlich. Sie kennzeichnen ihre Erzeugnisse mit dem »Grünen Punkt«. Jeder Verbraucher, der diese Produkte kauft, hilft den Verpackungsmüllberg zu verringern. Auch das Thema Mehrwegflaschen kommt wieder auf den Tisch. Bei der EDEKA liegt der Mehrweganteil mit 80 Prozent bereits über dem Bundesdurchschnitt. Insgesamt aber erobert die Getränkedose weiter die Regale. Allein 1996 werden 37 Milliarden produziert. Bereits 1990 startet die Genossenschaft eine Umweltaktion unter dem Motto: »EDEKA lässt 10.000 Bäume in den Himmel wachsen.« Publikumswirksam pflanzen viele Marktbesitzer junge Bäume vor ihrem Geschäft. Umweltschonende Produkte, wie in Gläser gefüllte Joghurts und ungebleichte Papierwaren, werden werblich hervorgehoben.

Rinderwahn

Mitte der 90er verbreiten drei Buchstaben unter den Verbrauchern europaweit Angst und Schrecken: BSE. Die tödliche Krankheit aus Großbritannien, auch Rinderwahn genannt, soll durch Fleischverzehr auf den Menschen übertragbar sein. Die Verkaufszahlen von Fleisch stürzen ins Bodenlose. Doch die Kunden vertrauen EDEKA. Trotz der vielen schlechten Schlagzeilen können die gruppeneigenen Fleischwerke mit einer Zuwachsrate von 5,1 Prozent glänzen – unter anderem durch die erfolgreiche Einführung der Eigenmarke »Gutfleisch«.

Verunsichert sind die Verbraucher in den 90ern nicht nur durch BSE. Auch ein anderes Problem macht Sorgen: Produkterpressungen. Zuerst bei Aldi. Ein Unbekannter vergiftet die Sauerkirschmarmelade des Discounters mit dem Pflanzenschutzmittel E 605. In den folgenden Jahren trifft es Firmen wie Nestlé, Coca-Cola Deutschland und Schwartau. Unbekannte drohen, den Produkten giftige Substanzen wie LSD, Parathion, Zyanid, Kolibakterien oder BSE-Erreger beizumischen.

Aus »lebensmittelrechtlicher Sorgfaltspflicht« richtet die Gruppe im Oktober 1994 in der Zentrale die neue Abteilung »Qualitätsmanagement« ein. Ihre Aufgabe: »Festlegung der Produktqualität in Form einer mit den Herstellern vertraglich festgelegten Produktspezifikation, die Kontrolle des Herstellungsprozesses vor Ort, die Überprüfung der Qualitätsmanagement-Systeme der Hersteller.«

Neue Trends

Das im September 1999 eingeführte Eigenmarkenprogramm »BIO WERTKOST« trifft den Nerv der Zeit. Ganz neu in den Regalen: Functional Food – also Lebens-

Leckerbissen

Nicht nur das Leben, auch der Geschmack wird in den 90er Jahren immer globaler. Ein echter Geheimtipp unter den Gourmets: die Mulligatawny-Suppe. Das südindische »Pfefferwasser« besteht aus reichlich Currypulver, heimischen Gemüsen und Hühnchen-Fleisch. Berühmtheit erlangt die Suppe jedes Jahr durch den Silvester-Klassiker »Dinner for one«. Sie ist der erste Gang des legendären Geburtstagsmenüs, das Miss Sophie ihren imaginären Gästen servieren lässt. The same procedure as every year, James …

Aus kontrolliert biologischem Anbau: das BIO WERTKOST Sortiment

Neue Geschmackswelten: Asiatische Küche ist in

mittel, die auf Grund spezieller Bestandteile oder Herstellungsverfahren gesundheitsfördernd wirken, zum Beispiel cholesterinsenkend. Als dritter Trend erobert Ethnic Food die deutschen Gaumen. Der Grund? Die Reiselust der Deutschen in ferne Länder wie Thailand, Mexiko und Indien.

Giganten des Handels

Im Jahr 1997 erschüttert der dramatische Tod von Lady Di Milliarden Menschen. Kurz darauf gerät in den USA Präsident Bill Clinton wegen der Lewinsky-Affäre in Erklärungsnöte und die Deutschen wählen nach 16 Jahren Helmut Kohl ab, um ihn durch eine rot-grüne Regierung unter Führung von Gerhard Schröder zu ersetzen.
Auch EDEKA stellt die Weichen für das neue Jahrtausend. Bevor Horst Neuhaus sich als Vorstandsvorsitzender verabschiedet, leitet er noch die Gründung von drei Kooperationsgesellschaften ein, zu denen sich die Großhandelsunternehmen überregional zusammenschließen – eine Vorstufe zum gemeinsamen nationalen Einkauf. Nach diesem Modell schafft es EDEKA, »die Kosten-, Konditions- und Leistungsspreizungen zwischen den EDEKA-Großhandelsbetrieben zu beseitigen«, so die handelsrundschau.
Ein weiser Schritt. Denn bereits ein Jahr später klopft eine neue Bedrohung an die Tür: Wal-Mart, der milliardenschwere amerikanische Weltkonzern drängt auf den deutschen Markt, verunsichert die Branche. Ein Preiskampf der Extraklasse kommt ins Rollen. Um ihn zu bestehen, muss EDEKA weiter wachsen.

Das neue Jahrtausend naht

An der Schwelle des neuen Jahrtausends hat sich EDEKA gut positioniert. Durch Fusionen entstehen 12 schlagkräftigere Großhandelsbetriebe. Ihre Leistungsvielfalt hat sich zwischen 1986 und 1998 mehr als vervierfacht. So erwirtschaftet jetzt jeder Betrieb im Schnitt 2,4 Milliarden Mark. Der Anteil der Geschäfte bis 200 Quadratmeter liegt nur noch bei 8,6 Prozent. Märkte ab 400 Quadratmeter machen 1999 bereits 81,5 Prozent aus. Mit 56 Milliarden Mark Umsatz ist EDEKA wieder unangefochten die Nummer eins im deutschen Lebensmitteleinzelhandel. Ihr Wachstum liegt weit über dem Branchendurchschnitt. Mit dem Aufbau Ost hat EDEKA bewiesen, dass sie Kurs halten kann, so Neuhaus, »wenn sie ihre Kräfte national bündelt, wo dies sinnvoll ist, und gleichzeitig ihre klassischen Stärken in der Region und im selbstständigen Einzelhandel beibehält«.

EDEKA geht online

Im Frühjahr 1998 gehen die Genossen mit einem Internetauftritt unter www.edeka.de online. Von Rezepten zum Herunterladen über Waren-Informationen bis hin zu einer Auflistung aller EDEKA-Märkte in ganz Deutschland wird dem Kunden ein umfangreiches Servicepaket geboten.

Ein neuer Weg zum Kunden: das Internet

Kurz & Gut

Mit Spitzenleistungen (wieder) an die Spitze – EDEKA schafft es

Auch bei EDEKA wird der Umweltschutz groß geschrieben

Die klügsten Bauern haben die schicksten Kartoffeln

Formvollendet, leicht und beschwingt ist das Modell Sinus

2000 bis 2007

Jule Tidow, geboren am 14.01.2007

2000 bis 2007

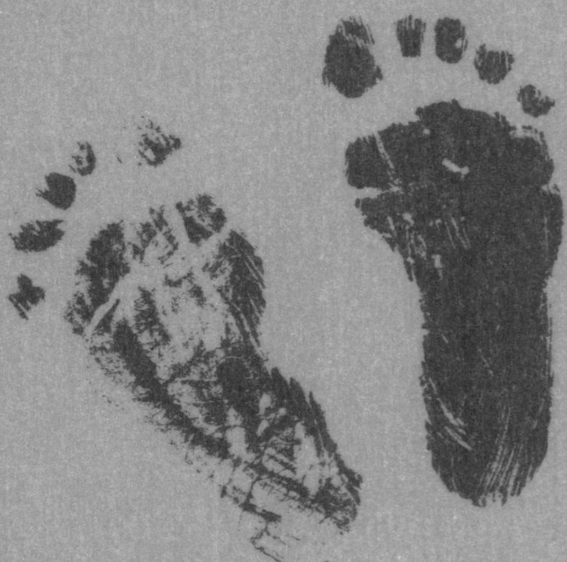

Jule Tidow, geboren am 14.01.2007

Euphorie: Die Welt stoßt auf das neue Jahrtausend an

Premiere: Angela Merkel wird 2005 zur ersten Kanzlerin Deutschlands gewählt

Auf ins neue Jahrtausend

Durch einen straffen Reform- und Expansionskurs erobert sich die EDEKA-Gruppe ihren Spitzenplatz im deutschen Lebensmittelhandel zurück. Die Welt kämpft gegen den Terror und in Deutschland wird mit Angela Merkel erstmals eine Frau Kanzlerin.

EDEKA-Meilensteine

2001 Vorstandsvorsitzender Hermann J. Ruetz leitet die Gruppenstrukturreform II ein

2002 Die EDEKA ZENTRALE AG beteiligt sich an EDEKA Danmark

2002 Stille Beteiligung an der Globus SB-Warenhaus Holding

2003 Alfons Frenk übernimmt den Vorstandsvorsitz bei der EDEKA ZENTRALE AG

2004 EDEKA kooperiert mit der norwegischen Reitan-Gruppe

2004 Aufstockung der AVA-Beteiligung auf über 75 Prozent

2005 EDEKA kauft Spar, steigt mit Netto Marken-Discount erstmals ins Discount-Geschäft ein und schließt sich der europäischen Vermarktungs-Allianz Alidis/Agenor an

2005 Start der erfolgreichen Image-Werbekampagne »Wir lieben Lebensmittel«

2006 Abschluss des AVA-Squeeze-out

2007 National einheitlicher Werbeauftritt im Jubiläumsjahr

An der Schwelle zum neuen Jahrtausend ist die Stimmung euphorisch. Der Champagner- und Sektabsatz bricht alle Rekorde. Doch schon unmittelbar danach ist die Euphorie verflogen. Die Weltwirtschaft gerät ins Trudeln. Der Traum von der »New Economy«, der die Börse zu neuen Höhenflügen angetrieben hat, platzt. Für die Unternehmen wird der Druck des globalen Marktes immer stärker. Der Standort Deutschland, vormals Garant hochwertiger Produkte mit dem Gütezeichen »Made in Germany«, ist zu teuer, zu wenig flexibel und unattraktiv für deutsche und ausländische Investoren. Die Arbeitslosigkeit steigt. Gehälter und Weihnachtsgeld werden gekürzt, Produktionen ins Ausland nach Osteuropa oder Asien verlegt.

Im Januar 2001 übernimmt Hermann J. Ruetz, langjähriger Geschäftsführer der Regionalgesellschaft Nordbayern aus der Hand von Bartholomäus Werberger das Ruder in der Hamburger EDEKA Zentrale. Ruetz gilt als zupackend und harter Verhandler in den Konditionsgesprächen mit der Industrie. Er will EDEKA wieder an die Spitze des deutschen Lebensmitteleinzelhandels manövrieren und verfolgt dabei vor allem drei Ziele: die Zahl der Regionalgesellschaften zu reduzieren, die Gruppe im Einkauf national einheitlich aufzustellen und die Zentrale effizienter zu machen.

Am 11. September 2001 hält die Welt den Atem an: Vor laufender Kamera rasen zwei Flugzeuge in die Türme des World Trade Centers in New York. Der Terror erreicht eine neue Dimension – auch in Europa. Bald ziehen die Alliierten gegen die so genannte Achse des Bösen zu Felde – erst nach Afghanistan, später auch in den Irak. Die Rohölpreise schnellen in die Höhe. Während die Bundesregierung unter Kanzler Schröder eine aktive Beteiligung am Irak-Krieg ablehnt, werden deutsche Soldaten zunehmend zur Unterstützung internationaler friedenssichernder Maßnahmen eingesetzt – am Horn von Afrika ebenso wie am Hindukusch.

Neue Währung: Ab dem 1. Januar 2002 zahlen viele Europäer mit dem Euro

Vorsicht Flut: Sandsäcke schützen die brüchigen Dämme an den Ufern der Elbe

Der Euro kommt

Am 1. Januar 2002 wird in zwölf Ländern der Europäischen Union die neue Leitwährung eingeführt. Auch in Deutschland wird die gute alte DM vom Euro abgelöst. Doch die Stimmung ist von Anfang an gedrückt. Viele Verbraucher und Politiker argwöhnen, dass die Währungsumstellung bei zahlreichen Waren und Dienstleistungen zu verdeckten Preiserhöhungen führen wird.

Hartnäckig hält sich der Vorwurf, dass einige Händler die »Gunst der Stunde« genutzt und ihre Artikel verteuert haben. EDEKA-Vorstandschef Ruetz weist die Vorwürfe vehement zurück: Die pauschale Politikerschelte sei vollkommen ungerechtfertigt: »Wir haben nicht nur korrekt umgerechnet, sondern im Zweifelsfall zugunsten der Verbraucher abgerundet. Gleichzeitig wurden die Preise bei mehreren hundert Produkten gesenkt.« Die Einführung des Euro habe den Lebensmitteleinkauf bei EDEKA nicht verteuert, betont er mit Nachdruck. Dennoch geht die sinkende Konsumlust der Verbraucher nicht spurlos an der Unternehmensgruppe vorbei. 2002 geht zumindest in die EDEKA-Annalen als »Jahr des Sparens« ein. Im Gegensatz zu den Discountern. Mit seiner Strategie, die DM-Preise ohne Aufschläge umzurechnen und den Kunden damit Preisstabilität zu demonstrieren, erobert sich der Discounter Aldi viele Sympathiepunkte. Das »Euro-Jahr« stellt ein neues Zwischenhoch für die Billigheimer mit Palettenplatzierung und abgespecktem Sortiment auf der Marktanteilsskala dar. Die Discounter marschieren auf einen Marktanteil von über 30 Prozent zu. Hatte die Akquisition von insgesamt 270 Wettbewerbsmärkten (Tengelmann, Kupsch und Meyer&Beck) der EDEKA-Gruppe 2001 noch zu einem deutlichen Umsatzschub verholfen, können die Zukäufe die Abschmelzung 2002 nicht mehr kompensieren. Gegenüber dem Vorjahr geht der Umsatz der Gruppe von 32,8 auf 32,5 Milliarden Euro zurück. Der Marktanteil stagniert bei rund 20 Prozent.

Land unter in Deutschland

Im Sommer 2002 rollt das Jahrhunderthochwasser die Elbe herunter und reißt alles mit. Dramatische Szenen spielen sich ab, viele Menschen verlieren ihr Hab und Gut. Wie schon bei der großen Sturmflut 1962 in Hamburg sind auch dieses Mal viele EDEKA-Unternehmer betroffen. 50 Geschäfte werden zum Teil komplett zerstört. Die Regionalgesellschaften unterstützen die Kollegen so gut es geht. Von der Flut geschädigte oder in Hilfsorganisationen aktive Mitarbeiter werden von der Arbeit frei gestellt, beziehen ihr Gehalt aber weiter. Die Geschädigten werden mit Warengutscheinen im Wert von Millionen versorgt. Kaum ist die Flut bewältigt, droht der Branche das nächste Ungemach. Anfang 2003 boxt Umweltminister Jürgen Trittin das »Dosenpfand« durch.

Ungeliebte Innovation: das Dosenpfand

Gebündelte Kraft: die 7 Regionalgesellschaften

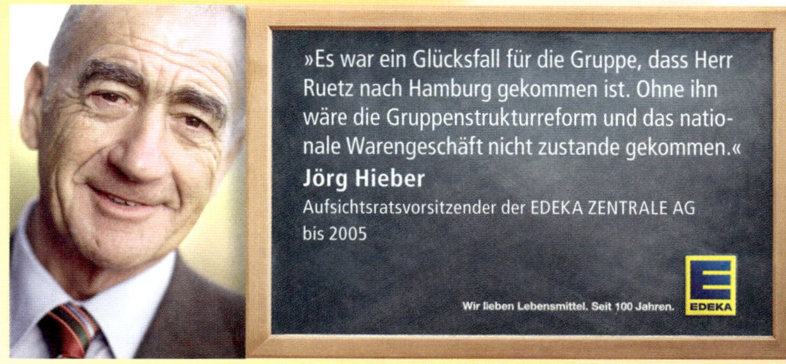

EDEKA in Aufbruchstimmung

Eigentlich hätte sich Hermann J. Ruetz 2001 durchaus vorstellen können, sich seinen Hobbies zu widmen. Aber dann tritt der langjährige Geschäftsführer der EDEKA Nordbayern auf Bitten des Aufsichtsratsvorsitzenden Jörg Hieber doch in der Hamburger Zentrale und nicht auf dem Golfplatz an. Am Herzen liegen dem gebürtigen Bayern vor allem drei Ziele: die Zahl der Großhandlungen von 12 auf 6 zu reduzieren, parallel dazu ein nationales Warengeschäft aufzubauen und die Zentrale fit für die Herausforderungen der Zukunft zu machen.

Das erste Ziel wird durch mehrere Fusionen, u.a. von EDEKA Heddesheim mit Offenburg zu Südwest sowie Minden mit Berlin und Nordwest zu Minden-Hannover, bereits nach einem Jahr fast erreicht. Seit 2002 gibt es noch 7 Großhandlungen. Die wichtigste Voraussetzung für das zweite Ziel erreicht Ruetz mit dem Einverständnis dieser Großhandlungen zu nationalen Einkaufsverhandlungen. Das dritte Ziel erfordert für die Zentrale eine flexiblere Rechtsform, bei der gleichzeitig die verbliebenen Regionalgesellschaften stärker in alle wichtigen Entscheidungsprozesse eingebunden werden können. Da beides in einer AG, also Kapitalgesellschaft, nicht hinreichend möglich ist, plant Ruetz die Umwandlung in eine KG, also Personengesellschaft. Geschäftsführende Komplementärin mit allen klassischen Zentralfunktionen soll dabei eine neu zu gründende EDEKA Aktiengesellschaft werden, Kommanditisten sind die Regionalgesellschaften. Weiteres wesentliches Element in dieser Konzeption ist ein Strategiebeirat für alle Fragen und Entscheidungen von zentraler Bedeutung.

Pionier des nationalen Einkaufs: Hermann J. Ruetz

Am 23. Juni 2001 stimmt die Mitgliederversammlung den Plänen mit überwältigender Mehrheit zu. Ruetz: »Heute ist ein historischer Tag. Er wird sich einreihen in die Zahl der wirklichen Eckpunkte in der Geschichte dieser Gruppe.« Mit der Neuordnung auf regionaler und nationaler Ebene ist die Gruppenstrukturreform II im Wesentlichen abgeschlossen.

Aber Ruetz tut noch mehr, um die Gruppe zu stärken und effizienter zu machen. Dabei reicht das Spektrum der Pläne von einer Aufstockung der AVA-Beteiligung bis zur Installation eines bundesweit einheitlichen EDV-Systems für alle Ebenen und Einheiten der EDEKA.

Auch dem operativen Geschäft drückt er seinen Stempel auf. Vor allem soll die Privatisierung von Märkten gefördert werden. Schließlich erzielen diese Geschäfte weitaus höhere Umsätze als Regiemärkte. Zusätzlich muss die Verkaufsflächenstruktur weiter verbessert werden. Gute Geschäfte macht man auf Flächen von mehr als 700 Quadratmetern, so Ruetz.

Im Frühjahr 2002 steht dann die erste Bewährungsprobe für die »neue« EDEKA ins Haus. Die Zentrale führt national Gespräche mit zunächst 125 Lieferanten. Rund 60 Prozent des Umsatzes sollen zentral verhandelt werden, 20 Prozent entfallen auf regionale Sortimente. Der Rest umfasst das regional gesteuerte Fleisch- und Wurstgeschäft sowie den nationalen Obst- und Gemüsehandel, der über das EDEKA-eigene Fruchtkontor abgewickelt wird. Durch die verbesserten Einkaufsbedingungen und verringerten Verwaltungskosten soll EDEKA jährlich 500 Millionen Euro sparen. Dieses Geld will man in die Wettbewerbsfähigkeit investieren. Wichtigste Maßnahme hierbei: die Einführung der Preiseinstiegsmarke GUT&GÜNSTIG mit zunächst rund 400 Artikeln.

Nur eine Richtung: vorwärts

Vorstandschef Alfons Frenk und Aufsichtsratschef Peter Simmel sind sich einig: Der Marktanteil der Nummer eins soll bis 2010 auf 30 Prozent steigen.

100 Jahre EDEKA. Versetzen Sie sich in eine historische Zeitreise. Was hat Sie in der Geschichte der Unternehmensgruppe am meisten beeindruckt, Herr Frenk?

Frenk: Dasselbe, was mich heute noch beeindruckt: die einzigartige Fähigkeit der EDEKA-Kaufleute, sich auf ein stetig verändertes Marktumfeld einzustellen, ihr Fingerspitzengefühl im Umgang mit Kunden, ihre Motivation. Es ist gar nicht hoch genug einzuschätzen, was es bedeutet, sich für die Selbstständigkeit zu entscheiden und damit ein Höchstmaß unternehmerischen Mutes zu beweisen. Unternehmerisches Handeln ist der Erfolgsfaktor Nummer eins unserer Gruppe. Es freut mich in besonderer Weise, dass wir 2006 die Umsätze selbstständiger Kaufleute von 13,5 Milliarden Euro gegenüber dem Vergleichsjahr 2002 um 50 Prozent steigern konnten. Aber noch wichtiger ist: Die Umsatzrendite unserer Unternehmer konnte in diesem Zeitraum in etwa verdoppelt werden.

Verantwortungsvolle Unternehmer reinvestieren den überwiegenden Teil ihres Cashflows jedes Jahr in das eigene Unternehmen für Ersatzanschaffungen oder zur Ausweitung des Geschäftsbetriebs. Damit sichern und festigen sie die Arbeitsplätze der Mitarbeiter.

Das Jahr 2006 hat der EDEKA-Einzelhandel sehr positiv abgeschlossen. Welche Ziele steckt sich die Gruppe für 2007?

Frenk: Wir werden dem Lebensmittel-Einzelhandel in Deutschland im laufenden Jahr einmal mehr unseren Stempel aufdrücken. Dem Ausbau der Marktführerschaft in Deutschland steht nichts im Wege. Allerdings sollten wir nicht nur bis Ende 2007 denken. 30 Prozent Marktanteil bis zum Jahr 2010 – danach müssen wir unsere Uhren stellen.

Für EDEKA-Vorstandschef Alfons Frenk gibt es auch in Zukunft nur eine Richtung: vorwärts

Herr Simmel, was macht die Gruppe stark für die Zukunft?

Simmel: In erster Linie die Struktur. Die dadurch gegebene lokale und regionale Verwurzelung hat kein anderes Unternehmen. Somit sind wir immer näher am Kunden als alle anderen. Die lokale und regionale Gestaltung der Märkte und der Sortimente kann kein Wettbewerber leisten. Dazu kommt die soziale Verantwortung, die EDEKAner in vielen Gremien wahrnehmen.

Welche Marschrichtung gilt bei der Privatisierung? Gilt die Offensive noch?

Frenk: Es gibt nur eine Richtung: vorwärts. EDEKA ist ein Motor des Mittelstands in diesem Land. Natürlich werden wir die Privatisierung weiter forcieren. Der inhabergeführte Supermarkt ist ein Erfolgsmodell, das seinesgleichen sucht. Darum beneidet uns der Wettbewerb. Deshalb erfahren unsere Einzelhändlerinnen und Einzelhändler auch in Zukunft die allerhöchste Unterstützung: zum Beispiel durch die Steigerung der Verkaufsflächenzuschüsse um fast 25 Prozent im Jahr 2007 gegenüber 2006.

Ihr Tipp, Herr Simmel, für Kollegen im Jubiläumsjahr?

Simmel: Wir Einzelhändler brauchen noch mehr Mut und müssen unsere Erträge konsequent wieder investieren – dann lässt sich der Erfolg gar nicht verhindern! EDEKA hat alle Voraussetzungen, den Mitbewerbern Marktanteile abzuringen – jetzt geht's ums Tun!

Aufsichtsratsvorsitzender Peter Simmel ist sicher: EDEKA wird zusätzliche Marktanteile hinzugewinnen

Mega-Coup: EDEKA übernimmt die Spar Handels AG

EDEKA auf Einkaufstour

»Wir schlagen ein neues Kapitel in der EDEKA-Geschichte auf«, freut sich Alfons Frenk 2005 über den erfolgreichen Abschluss einer der größten Transaktionen im deutschen Lebensmitteleinzelhandel. Der Kauf von Spar, die Akquisition des Discounters Netto Marken-Discount und der Einstieg in die europäische Allianz Alidis/Agenor puschen die EDEKA-Gruppe schlagartig in die Pole-Position auf dem deutschen Markt.

Draußen ziehen die Ruderer vorbei. Doch die Idylle kann nicht darüber hinwegtäuschen, dass an dem Restaurant-Tisch am Hamburger Isebekkanal gerade eine der größten Unternehmensübernahmen im deutschen Lebensmittelhandel geplant wird. Denn was EDEKA-Vorstandschef Alfons Frenk und der amtierende Spar-Vorstand Fritz Ammann in wenigen Notizen auf einem Bierdeckel festhalten, hat es in sich. Immerhin geht es um ein Umsatzpaket von gewichtigen 5,3 Milliarden Euro, den Einstieg der Supermarkt-affinen EDEKAner in das Discount-Geschäft und den Anschluss des deutschen Platzhirsches an eine internationale Kooperation. Was folgt, sind zwei Jahre dauernde komplizierte, teils zähe und harte Verhandlungen mit dem französischen Spar-Eigentümer Intermarché über einen Deal, der nicht nur viele unternehmerische, sondern auch steuerliche Herausforderungen bietet. Durch den Übernahme-Coup steigert die EDEKA-Gruppe ihren Umsatz schlagartig auf mehr als 37 Milliarden Euro. EDEKA und Spar passen ideal zusammen. Beide Unternehmensgruppen leben von dem Engagement ihrer Einzelhändler. Durch die Übernahme kann EDEKA das Kerngeschäftsfeld des unternehmergeführten Supermarktes deshalb nachhaltig stärken. Bis 2006 werden rund 800 Spar-Märkte umgeflaggt. Die reibungslos verlaufende Integration und die besseren Einkaufskonditionen von EDEKA führen dazu, dass sich die vormaligen Spar-Händler über Umsatzzuwächse zwischen 10 und 15 Prozent freuen können. EDEKA hätte Spar jedoch nie übernommen, wenn nicht gleichzeitig der Einstieg in den Discount-Markt gelungen wäre. So gehören zum Übernahmepaket auch 1.050 Filialen von Netto Marken-Discount sowie eine Beteiligung an Netto Stavenhagen.

»Es war ein schwerer Fehler, dass EDEKA in den 80er Jahren darauf verzichtete, ins Discountgeschäft einzusteigen«, begründet Frenk die Übernahme. Allein 2006 haben die erfolgreichen und engagierten Netto-Manager alle Planungen übertroffen. Mit Umsatzzuwächsen von mehr als 6 Prozent auf vergleichbarer Fläche stellt das expansive Unternehmen selbst gestandene Discounter in den Schatten. »Netto hat ein Potenzial, den Umsatz und das Ergebnis in den nächsten Jahren zu verdoppeln«, kündigt der Vorstand an. Von den anfänglichen Bedenken, einen Discounter unter dem EDEKA-Dach anzusiedeln und damit den Wettbewerb ins eigene Haus zu holen, ist inzwischen kaum mehr etwas zu hören. Einige Kaufleute beklagen anfangs, dass mit Netto ein Billig-Wettbewerber eingekauft wurde. Doch heute sind die Genossen begeistert.

»Das gestiegene Beschaffungsvolumen wird zu einem Rendite-Turbo für EDEKA«, verspricht Frenk. Die Ertragskraft werde durch die zusätzlichen Kapazitätsauslastungen, das Mehrgeschäft und Absatzchancen für Fleisch, Wurst und Backwaren gesteigert. Das Sortiment »Die Sparsamen« wird von EDEKAs »GUT&GÜNSTIG«-Range abgelöst.

Bei Netto Stavenhagen, einem Gemeinschaftsunternehmen mit dem dänischen Einzelhandelsprimus Dansk Supermarked, beschränkt sich EDEKA auf eine reine Finanzbeteiligung in Höhe von 25 Prozent.

»Die Sparsamen« werden von GUT&GÜNSTIG abgelöst

Gehört zum Spar-Kaufpaket: die Discountkette Netto

Immer ganz vorne dabei: Olaf Weber mit seinem Gewinnerteam

Seitdem gilt auch für Einwegverpackungen eine Pfandpflicht. Die bürokratische Regelungswut kommt die Lebensmittelbranche durch notwendige Investitionen in maschinelle Rücknahmesysteme nicht nur teuer zu stehen, sondern sorgt im Lebensmitteleinzelhandel auch für erhebliches Chaos.

Alfons Frenk trimmt EDEKA auf strikten Erfolgskurs

Die Strategie, mit der Alfons Frenk am 1. Mai 2003 bei der Hamburger EDEKA ZENTRALE AG den Vorstandsvorsitz übernimmt, ist klar umrissen. Die EDEKA-Gruppe soll sich auf ihr Kerngeschäftsfeld konzentrieren, unrentable Engagements abstoßen und auf dem Markt durch einen straffen Expansionskurs weiter wachsen. Der gelernte Wirtschaftsprüfer und analytische Stratege führt den Reformkurs seines Vorgängers fort, geht in seiner Zielsetzung jedoch deutlich weiter. Die Stagnation der EDEKA-Gruppe in den zurückliegenden Jahren ist dem neuen Spitzenmanager und langjährigen Geschäftsführer der EDEKA Minden-Hannover ein Dorn im Auge. Seit 2000 kann die EDEKA-Gruppe mit dem Wachstum des Marktes nicht mehr so recht Schritt halten. Dagegen marschieren die Discounter unverzagt voran, eröffnen neue Märkte und setzen die Supermärkte, die mit breiten Sortimenten sowie einem hohen Frische- und Serviceangebot ihre Kunden begeistern, unter Zugzwang. Frenk will die blau-gelbe Gruppe in ein schlagkräftiges Handelsimperium verwandeln, das renditestark und agil auf dem Markt agiert. »Wir müssen die Einzelhandelsstufe stärken und die EDEKA-Unternehmer in die Lage versetzen, weiter zu wachsen«, lautet sein Credo. Nur auf diese Weise kann die Gruppe ihre Marktposition ausbauen und die Wettbewerbsfähigkeit langfristig gesichert werden. Als Frenk antritt, liegt der Expansionsplan bereits in der Schublade. Er will den Wettbewerber Spar kaufen, den erfolgreichen Discounter Netto Marken-Discount unter dem EDEKA-Dach ansiedeln und durch den Eintritt in die europäische Allianz Alidis/Agenor in die Europa-Liga aufsteigen. Es folgen viele Monate intensiver Verhandlungen mit dem französischen Spar-Eigentümer Intermarché, bis am 28. April 2005 die Unterschriften unter den Verträgen stehen. Schlagartig steigt die EDEKA-Gruppe zur unangefochtenen Nummer eins im deutschen Markt auf – mit weitem Abstand vor den Wettbewerbern aus Köln, der Rewe-Gruppe.

Der neue Kurs kommt bei den EDEKA-Unternehmern gut an. Frenk gibt ihnen nicht zuletzt das Selbstbewusstsein wieder, das die Gruppe im Wettbewerb mit den Discountern über viele Jahre eingebüßt hatte. Das Tempo, mit dem der 53-Jährige die EDEKA-Gruppe umkrempelt, ist rasant. Vorbei sind die Zeiten, in denen emotionale Befindlichkeiten wichtige strategische Entscheidungen behinderten. Das wird auch für die Geschäftspartner aus der Industrie spürbar, die EDEKA nicht länger mit nachteiligen Konditionen

EDEKA tritt in die Pedale

Frage: Was haben EDEKA und Radrennfahrer wie Erik Zabel gemeinsam? Antwort: Durchhaltevermögen! Kein Wunder also, dass EDEKA 2004 als Hauptsponsor der Deutschland-Tour antritt. »Beim Thema Sport und Ernährung sind wir nicht zu bremsen«, versichert Vorstand Alfons Frenk. Der begeisterte Hobby-Radrennfahrer freut sich aber auch über die große Werbewirksamkeit. Denn bei den zahlreichen Fernsehübertragungen der Deutschland-Tour in der ARD ist das Meer von blau-gelben Flaggen am Rande der Strecke nicht zu übersehen. 1,2 Millionen Zuschauer fiebern 2006 bei der Deutschland-Tour mit. EDEKA findet in 423 TV-Beiträgen Erwähnung. Und auch die EDEKAner sind begeistert. Viele organisieren zahlreiche Aktionen am Streckenrand, versorgen die Zuschauer mit Flaggen und kleinen Snacks.

abspeisen können. Doch auch im eigenen Haus wird aufgeräumt. Mittel- und Langfristplanungen ersetzen das bis dahin eher individualisierte Datenmaterial zur Steuerung des operativen Geschäftes.

Zeitlos

Diese beliebten Marken entstehen:

2000 Hilcona

2001 Bacardi Rigo

2002 Müller Froop

2004 Rama Cremefine

2006 Coca-Cola Zero

Profilierung des Handelsmarken-Sortiments

2002 fällt der Startschuss für eine Eigenmarken-Range, mit der die EDEKA-Gruppe den Discountern Paroli bieten will. Das so genannte Preiseinstiegssortiment, das unter dem Namen GUT&GÜNSTIG auf den Markt kommt, umfasst heute rund 750 Artikel aus allen relevanten Sortimentsgruppen. Das Programm kommt bei den Kunden gut an. Allein 2004 legt es ein Umsatzwachstum um 30 Prozent vor. Während GUT&GÜNSTIG als eher defensives Eigenmarken-Programm positioniert ist, feilt die EDEKA-Gruppe mit großem Nachdruck an ihren Qualitätsmarken. Sie bekommen einen weitgehenden Relaunch. Nach 17 Jahren TV-Abstinenz geht EDEKA mit Werbespots für die Eigenmarken Mibell und Rio Grande wieder auf Sendung. 2006 tauschen die Eigenmarken ihre individuelle Gestaltung gegen einen Einheitslook ein. Als optisches Grundmuster zeigt sich ein Quadrat mit dem typischen EDEKA-Schriftzug als Dachmarke. Der vorherige Name steht nun als Submarke darunter auf der Farbfläche. Durch die neue Gestaltung zeigen die Marken mehr Profil.

Rio Grande, Gärtners Beste, Backstube, Mibell oder BIO WERTKOST sind eine kleine Auswahl der Eigenmarken, die künftig unter dem EDEKA-Absender breit distribuiert werden sollen. Ende 2007 ist der Relaunch der Eigenmarken-Ranges abgeschlossen. Neu eingeführt wird im Jubiläumsjahr die Produkt-Linie »Lust auf Leicht«. Ein Sortiment, das den modernen Ansprüchen an eine fettarme und gesunde Ernährung entspricht. Neu ist auch, dass die Kunden auf den ersten Blick durch eine attraktive und übersichtliche Kennzeichnung auf der Verpackung den Kaloriengehalt sowie die Nährstoffangaben erkennen können.

Machtkampf mit der Industrie

Mit der Industrie ist EDEKA bereits seit dem Amtsantritt von Hermann J. Ruetz in harten Verhandlungen. Seit der Vorstandsvorsitzende in Hamburg begonnen hat, das nationale Warengeschäft aufzubauen, wird Jahr für Jahr mit mehr Lieferanten von der Zentrale und den Regionalgesellschaften gemeinsam verhandelt. Müssen 2001 rund 40 nationale und internationale Hersteller in der Zentrale antreten, sind es 2006 bereits 310. Die Bündelung des Einkaufs ist den Top-Managern der Industrie ein Dorn im Auge. Schließlich offenbart die nunmehr bestehende Konditionstransparenz der Regionalgesellschaften die jahrelangen Benachteiligungen, mit denen die Industrie die EDEKA-Gruppe abgespeist hat. Die Auseinandersetzungen mit der Industrie erreichen einen Höhepunkt in der Jahresgesprächsrunde 2005. Die Einkaufsverantwortlichen fordern, die Vertriebsleistung der EDEKA durch entsprechend gute Einkaufspreise zu honorieren. Der Einblick in die Konditionslisten nach der Spar-Übernahme zeigt den EDEKA-Top-Einkäufern, wie stark die Gruppe als Marktführer und wichtigster Markenartikel-Händler in Deutschland von der Industrie über Jahre hinweg konditionell benachteiligt worden ist. Während die Discounter mit Vorzugskonditionen bedient worden sind, haben die Vollsortimenter das Nachsehen. »Wir werden als Vollsortimenter künftig solche Lieferanten vorziehen, die Markenartikel nicht bei Discountern verramschen«, gibt Frenk eine harte Linie vor. Viel zu lange habe die blau-gelbe Gruppe, immerhin Deutschlands größter Verkäufer von Markenartikeln, viel zu hohe Preise bezahlt, betont der Vorstandschef. Es sei paradox, dass ausgerechnet ein Vollsortimenter höhere Preise für gewisse Artikel bezahle als die Discounter. Dabei nimmt EDEKA den Markenartikelherstellern ihr

Frisch verpackt: EDEKA setzt auf Sortimentsqualität

Europa-Premiere: das vollautomatische Lager in Hamm

Synergieeffekt: In der Logistik werden Millionen gespart

gesamtes Sortiment ab und nicht nur einige wenige Artikel, die zu Grenzkosten an den Discounter geliefert werden. Was folgt, sind harte, von der Industrie zum Teil in die Öffentlichkeit und über den Markenverband in Wiesbaden zum Kartellamt getragene Auseinandersetzungen. Doch die Botschaft des Kartellamtes ist eindeutig: Es sei das legitime Recht der EDEKA-Gruppe, in freien Verhandlungen mit nationalen und internationalen Industriepartnern die Ware zum bestmöglichen Preis einzukaufen.

Einsparpotenziale nutzen

Doch nicht nur die Schlagkraft des nationalen Warengeschäftes liegt Frenk am Herzen. Auch in den rückwärtigen Bereichen wie Logistik und EDV sieht der Vorstand erheblichen Rationalisierungs- und Harmonisierungsbedarf. In seinem Auftrag erarbeitet der zuständige Fachbereich der EDEKA Zentrale ein Logistikkonzept, das von unterschiedlichen Prämissen ausgeht. Im September 2006 eröffnet die Regionalgesellschaft Rhein-Ruhr in Hamm-Rhynern das erste vollautomatische Zentrallager Europas. Roboter und Förderbänder erledigen hier die kostenintensive Lagerarbeit. Mehr als 10.000 Artikel werden künftig vollautomatisch kommissioniert. Das komplette Angebot, bestehend aus 20.000 Artikeln Trockensortiment, Frischwaren und Tiefkühlkost, wird hier umgeschlagen.

Neu stellt sich auch das Fruchtkontor auf. So betreibt es z.B. das gesamte Bananengeschäft vom Import über die Reifung bis zum Vertrieb in eigener Regie. Dazu verfügt es u.a. an den Standorten Hamburg, Roisdorf und München über Reifekapazitäten von 200.000 Kisten pro Woche.

Über die letzten Jahre hinweg ist die Zusammenarbeit mit den Regionalgesellschaften und den Kooperationspartnern sukzessive verbessert worden. Auf diese Weise konnten Synergien genutzt und die Wettbewerbsfähigkeit der EDEKA-Einzelhändler gestärkt werden. Auch das Fruchtkontor selbst hat davon erheblich profitiert. Die Marktposition wurde deutlich ausgebaut, der Umsatz stieg auf mehr als 1,2 Milliarden Euro.

Seit dem Frühjahr 2005 nutzt EDEKA bei Mehrweg-Transportverpackungen über alle Regionalgesellschaften hinweg ein einheitliches System. Dadurch erzielt die Gruppe erhebliche Einsparungen.

Privatisierungsoffensive

Der Supermarkt ist ein Erfolgsmodell für die Zukunft, wenn er von Unternehmern geführt wird. Mit diesem Bekenntnis läutet der EDEKA-Vorstand 2003 die größte Privatisierungsoffensive in der EDEKA-Geschichte ein. Binnen vier Jahren werden rund 500 Märkte aus dem Filialnetz herausgelöst und an selbstständige EDEKA-Kaufleute übergeben. 2006 liegt die Zahl der Privatisierungen bei 184. Nahezu jeder zweite dieser Märkte wird von einem der insgesamt 131 Existenzgründer übernommen. Der Erfolg ist verblüffend. Die Umsätze verbessern sich schlagartig. Teilweise erlösen die Unternehmer bis zu 10 Prozent mehr als in den Zeiten, in denen die Märkte von Filialleitern geführt wurden. Zugleich verbessert sich die Kostensituation deutlich. »Der freie Unternehmer ist einfach engagierter als der Angestellte, weil er Erfolg und Misserfolg direkter am eigenen Portemonnaie spürt. Er hat nachweislich eine höhere Stammkundenquote«, ist Frenk überzeugt.

Megaerfolgreich

Unter Machos ist es als reines Mädchenbier verschrien. Doch Beck's Gold wird gleich nach der Einführung im Juni 2002, wo es zunächst nur in 250 ausgewählten »In-Lokalen« angeboten wird, zum neuen Szenegetränk. Die Deutschen lieben den milden und malzbetonteren Geschmack dieses Bieres. Innerhalb von sechs Monaten setzen die Bremer rund 300.000 Hektoliter ab. Eine Revolution auf dem rückläufigen Biermarkt. Die Kunden kaufen für ihre Privatpartys Beck's Gold in der Kneipe nebenan – zum doppelten Preis. Im Februar 2003 kommt das milde Pils in der berühmten Klarglasflasche mit UV-Schutz in den Handel. Selbst mancher Weintrinker steigt um auf Beck's Gold. Die Konkurrenz beeilt sich, ähnliche Produkte auf den Markt zu bringen. Doch bis heute ist das Original mit großem Abstand Marktführer im selbst geschaffenen neuen Segment.

Erfolgreicher Abschluss: die Allianz Alidis/Agenor

Internationale Allianzen

Auch wenn die EDEKA-Gruppe Deutschland als strategischen Wachstumsmarkt definiert, steht die Einbindung in eine europäische Allianz ganz oben auf der Agenda. Mit der bestehenden Mitgliedschaft bei der AMS (Associated Marketing Services AG) sind die EDEKA-Oberen nicht unbedingt zufrieden. Zu heterogen und wenig schlagkräftig ist die internationale Truppe, die sich vor allem auf die gemeinsame Beschaffung von Eigenmarken im Preiseinstiegsbereich konzentriert.

Drei starke Partner bündeln ihren Einkauf

Mit der Spar-Übernahme und dem Kauf von Netto Marken-Discount gelingt dem EDEKA-Vorstand zugleich die Einbindung in die europäische Vermarktungsallianz Alidis/Agenor, die nicht nur die Warenbeschaffung für Eigenmarken leistet, sondern auch die Vermarktung von Markenartikeln betreibt. 2005 beteiligt sich EDEKA mit 33 Prozent an der schweizerischen Gesellschaft, in der bereits die französische Händlergruppe Intermarché und der spanische Lebensmittelhändler Eroski engagiert sind. Durch die Aufnahme der Nummer eins aus Deutschland steht Alidis für einen Einzelhandelsumsatz von insgesamt 74,4 Milliarden Euro pro Jahr. Alidis ist somit die drittgrößte Vermarktungsallianz in Europa. Die Zusammenarbeit biete »ungeahnte Perspektiven«, freut sich Frenk, der 2006 im Rahmen des Rotationsprinzips für zwei Jahre die Präsidentschaft der Einkaufsorganisation übernimmt.

»Die Aufgabe der Allianz besteht darin, gemeinsames Vermarktungspotenzial für Markenartikel zu verhandeln und die Realisierung von Einkaufsvorteilen für Preiseinstiegsmarken zu erreichen«. Der immense Gesamtumsatz gekoppelt mit Aktivitäten in zehn europäischen Ländern eröffne »Vermarktungschancen in einer bislang nicht gekannten Größenordnung.« Für 2007 ist der Ausbau der gemeinsamen Verhandlungen für länderübergreifende Vereinbarungen mit Lieferanten vorgesehen. »Ziel ist es, gemeinsame Sortimente aufzubauen und europaweit anzubieten«, erklärt Frenk. So könne die Wettbewerbsfähigkeit in Europa gestärkt werden.

Rückzug: Marktkauf schließt ihren Markt in Moskau

Konzentration auf Deutschland

Polen, Frankreich, Tschechien oder Österreich – beim Blick auf die Umsatz- und Ergebniszahlen des Auslandsgeschäftes kommt bei den EDEKA-Verantwortlichen bereits seit Jahren keine rechte Freude auf. Dem Rückzug aus Polen folgt dann unter Frenk die klare Fokussierung auf das Deutschland-Geschäft. Im Sommer 2003 übernimmt die Pariser Handelsgruppe Carrefour S.A. von der EDEKA Südwest 44 Filialen des »Treff Marché« in Ostfrankreich. Drei Jahre später verkauft die EDEKA Südbayern ihre tschechischen Märkte an den britischen Händler Tesco. 2006 folgt die Abgabe der Beteiligung an der österreichischen ADEG. Ein Kapitel, das die Südbayern mit großem Engagement aufgeschlagen hatten, das aber gegen die Vormachtstellung der österreichischen Wettbewerber Spar Österreich und Billa kaum eine nachhaltige Chance hatte. »Unsere Vertriebskonzepte des unternehmergeführten Supermarktes eignen sich nicht für die Auslandsexpansion«, heißt es bei der EDEKA ZENTRALE AG und deshalb drängt sie als Gesellschafterin der EDEKA Regionalgesellschaften auch auf einen raschen Ausstieg aus schleppend verlaufenden Geschäftsengagements. Auch die Tochtergesellschaft AVA, die nach dem Squeeze-out Anfang 2006 unter Marktkauf firmiert, trennt sich von ihrem SB-Warenhaus- und Baumarkt-Standort in Moskau, um die Kapitalkraft auf Deutschland konzentrieren zu können.

Preiswürdig – die neue Imagekampagne des Marktführers

Preis, »Schweinebauch« und »Geiz ist geil«-Kampagnen: Das Image des marktschreierischen Händlers passt nicht zur EDEKA-

Gruppe. Und so geht die Nummer eins 2005 einen neuen Weg. Mit einer sympathischen, augenzwinkernden Imagekampagne positioniert sich Deutschlands größter Lebensmittelhändler aufmerksamkeitsstark in der Öffentlichkeit. Mit »Wir lieben Lebensmittel« erhebt die Gruppe nicht nur einen hohen Qualitätsanspruch, sondern dokumentiert zugleich eine neue Markenstrategie: EDEKA steht für Kompetenz, Vielfalt, Service und Nähe. Die neue Kampagne, die in allen führenden Publikumsmagazinen und im Fernsehen läuft, begeistert die Werbefachleute. Und so gewinnt die Kampagne einen Preis nach dem anderen: u.a. die Goldene Victoria für die beste Printkampagne und den GWA-Effie in Silber. Die Begründung der Effie-Jury: Die EDEKAner hätten eine deutliche Umsatzsteigerung durch ihre Kampagne erzielt und darüber hinaus ein neues Qualitätsniveau in der Handelswerbung abseits der Preiswerbung etabliert.

Innovative Vertriebskonzepte

Die Bevölkerung wird immer älter. Der soziodemografische Wandel stellt deshalb auch den Lebensmittelhandel vor eine neue Herausforderung. Und so entwickelt die EDEKA Nordbayern-Sachsen-Thüringen 2004 ein ganz neues Ladenkonzept: Mit dem »Markt der Generationen« reüssiert sie nicht nur in Chemnitz, sondern multipliziert das Konzept alsbald auch an anderen Standorten. Das Markt-Konzept soll vor allem Familien, Senioren und behinderten Kunden das Einkaufen leichter machen. Besonders auf die Bedürfnisse von Sehbehinderten und Senioren wird Rücksicht genommen.

Innovativ sind auch die Kollegen aus dem Südwesten. Mit Roland Fitterer testet erstmals ein deutscher Händler die Zahlungsautorisierung per Fingerabdruck am Checkout. In Rülzheim können registrierte Kunden ab sofort per Auflegen des Fingers bezahlen. Der Bezahlvorgang ist in Sekundenschnelle abgewickelt. Rund 15 Prozent der Kunden, so Fitterer, würden bereits das neue Bezahlsystem in Anspruch nehmen. Seit Ende 2005 können die Kunden auch bei EDEKA-Aufsichtsratschef Peter Simmel modernste Technik ausprobieren. In seinem neuen Markt in München-Unterhaching testet der erfolgreiche Mehrbetriebsunternehmer das Einkaufen per Self-Scanning-Kassen. Von 150 befragten Kunden bevorzugen 73 Prozent die neue Art des Kassierens. Der Vorteil, so die Verbraucher, sei eine bessere Kontrolle über den Kassiervorgang.

EDEKA setzt auf Kooperationen

Neben der Expansion im angestammten Supermarkt-Geschäft genießt der Abschluss von Kooperationen mit Handelspartnern von Anfang an eine strategische Bedeutung. Es sind wichtige Schritte für die EDEKA-Gruppe, um ein größeres Gewicht bei den Einkaufsverhandlungen mit der Industrie in die Waagschale werfen zu können. 2002 beginnt EDEKA deshalb eine Zusammenarbeit mit der saarländischen Globus-Gruppe, einem erfolgreichen Familienunternehmen, das über ein exzellentes und erfolgreiches SB-Warenhaus-Konzept verfügt. Die Kooperation geht mit einer stillen Beteiligung einher, die Hermann J. Ruetz und seit 2003 Alfons Frenk einen Sitz im Globus-Beirat sichert. Im Geschäftsjahr 2004/2005 betreibt Globus 35 SB-Warenhäuser, 49 Baumärkte, 12 Elektrofachgeschäfte sowie 10 SB-Warenhäuser in Tschechien. Insgesamt setzt die Gruppe 4,15 Milliarden Euro um – ein Plus von 0,7 Prozent zum Vorjahr. Durch die Kooperationsvereinbarungen mit Globus positioniert sich EDEKA – addiert man die Umsätze von Marktkauf, E-Center und Globus – dadurch auch ganz vorne im Großflächengeschäft.

Anfang 2004 holt EDEKA die Kölner Handelshof-Gruppe durch einen Kooperationsvertrag mit ins Boot.

Sofort ein Hit: Die neue Werbung der Gruppe kommt an

Bei EDEKA in Rülzheim: Bezahlen per Fingerabdruck

Oben links: Der mp3-Player ist der Walkman des 21sten Jahrhunderts
Oben rechts: DVDs bieten Filme in mehreren Sprachen
Unten rechts: Alles einfach von zu Hause: Das Internet bietet vielfältigste Möglichkeiten

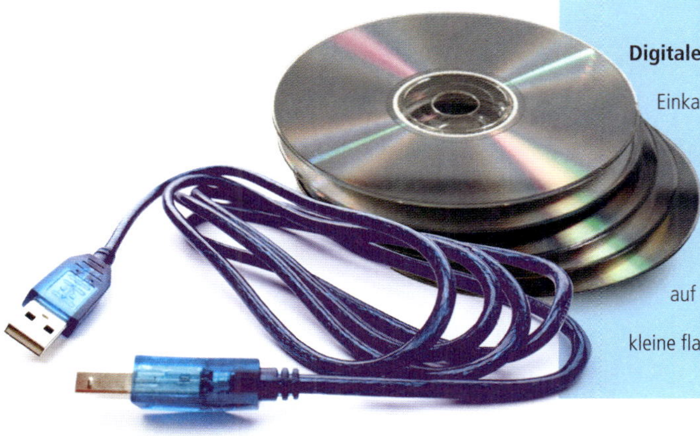

Digitales Zeitalter

Einkaufen, die Steuererklärung abgeben, Überweisungen tätigen, Briefe schreiben, Freunde treffen – heute macht man das alles per Knopfdruck ganz schnell am Computer. Vorbei die Zeit der Schallplatten und CDs: Musik wird im mp3-Format auf den iPod geladen. Statt sperriger VHS-Kassetten gibt es nun kleine flache DVDs.

Ein Mann mit großen Visionen

Was EDEKA-Kaufmann Rainer Schaller (37) aus Bamberg anpackt, gelingt. Er führt zwei Märkte (1.000 qm in Schlüsselfeld und 900 qm in Geiselwind), ist Chef von Deutschlands größter Fitnessstudiokette »McFit« und als Wiederbeleber der legendären Berliner Love Parade international bekannt.

Wie kamen Sie zur EDEKA?

Mein Großvater hat die EDEKA Bamberg 1937 gegründet, später war er Aufsichtsratsvorsitzender. Als kleiner Bub hab ich zwischen Opas Fässern mit Salzheringen gespielt und bin im Laden quasi aufgewachsen. Auch meine Mutter hat ein Geschäft. Sie ist jetzt mein ärgster Konkurrent in Schlüsselfeld.

Warum EDEKA?

Die umfangreiche Beratung durch den Außendienst und die Möglichkeit, auch Fremdprodukte kaufen zu können, haben mich überzeugt. Alles, was ich je erreicht habe, habe ich EDEKA zu verdanken. Dort habe ich gelernt, wie man ein Geschäft gut führt – von Personalführung bis zur Kalkulation.

Sie haben 1996 McFit gegründet. Warum?

Ich habe schon immer Fitness und Kampfsport gemacht. Da kam mir die Idee, Fitness-Studios zu eröffnen, nach dem Konzept: günstige Preise, höchste Qualität, Konzentration aufs Wesentliche. Um die Idee zu finanzieren, musste ich zwei Märkte verkaufen. Heute habe ich 65 Studios mit rund 400.000 Mitgliedern. Wir sind Nummer eins in Deutschland und Nummer zwei in Europa.

Im Sommer 2006 haben Sie die Love Parade wiederbelebt. Sind Sie ein Raver, Herr Schaller?

Nein (lacht). Aber als Werbemaßnahme für die McFit-Filialen hat sich der Einsatz gelohnt. 3,5 Millionen Euro hat mich der Spaß gekostet, doch dafür haben wir den Bekanntheitsgrad der McFit-Läden mit 62 Prozent mehr als verdoppelt.

Rainer Schaller veranstaltet die Love Parade in Berlin

Das mittelständische Unternehmen kauft über EDEKA ein und wird von den Regionalgesellschaften Nord und Rhein-Ruhr beliefert. Als wichtiger Partner für das Dänemark-Geschäft schließt sich 2004 die norwegische Reitan-Gruppe der EDEKA im Warengeschäft an. Reitan ist auf dem Heimatmarkt die Nummer eins und will in ganz Skandinavien – insbesondere Dänemark – mit seinem Discount-Konzept Rema 1000 expandieren. Für EDEKA Danmark lassen sich dadurch viele Synergiepotenziale nutzen. EDEKA beliefert Reitan und profitiert von der strammen Expansion der Norweger in Dänemark.

Die Zukunft gehört den Auszubildenden

Jung wird EDEKA nicht nur bei den Kunden, sondern auch intern. Die Zukunft gehört dem Nachwuchs. Und um den kümmert sich die Gruppe unter Frenks Führung ganz besonders. Allein 2006 stellt EDEKA mehr als 12.500 neue Auszubildende ein. Bereits in den vergangenen fünf Jahren wurde die Zahl der Lehrlinge auf über 10.000 verdoppelt. EDEKA vergibt fast jeden zehnten Ausbildungsplatz der gesamten Handelsbranche. Im Sommer 2006 bietet EDEKA in Kooperation mit der ADG Akademie Deutscher Genossenschaften in Montabaur und der Steinbeis-Hochschule in Berlin einen eigenen berufsbegleitenden Studiengang an. Das Studium ist auf sechs Semester ausgerichtet und ermöglicht den Abschluss BBA, Bachelor of Business Administration. Der Förderung von

Gottesgeschenk: Die Kakaobohne war früher heilig

Nachwuchskräfte: EDEKA ist Ausbilder Nummer eins

Jugendlich: zielgruppengerechte Nachwuchsförderung

Zum Verlieben!

Sie gilt als Dickmacher und Kariesteufel: die Schokolade. Dabei schützt besonders Zartbitterschokolade vor Krebs und Herzinfarkt. In den vergangenen Jahren erlebt der auch als »Herrenschokolade« bekannte süße Genuss einen neuen Boom. Knapp zehn Prozent mehr Premium-Schokolade haben deutsche Hersteller 2006 verkauft. Die Azteken sahen die Kakaobohne als heilig an. Sie benutzten sie gerne als Zahlungsmittel (100 Kakaobohnen für einen Sklaven). Heute wird der Schokolade nicht nur von Schokoholikern eine berauschende Wirkung zugesprochen – dank dem Wirkstoff Phenylethylamin, der den Körper auch beim Verlieben durchflutet. Die süße Versuchung hat mittlerweile den Sprung in andere Branchen geschafft: So gibt es Schokoladen-Cremes und -Parfüms. Und in Berlin eröffnete jüngst das erste Schokoladenrestaurant der Welt.

jungen Talenten im Unternehmen kommt auch im Jahr 2006 eine hohe Bedeutung zu. Eine fundierte Berufsausbildung mit EDEKA-Ausbildungsseminaren und die mit der Praxis eng verzahnten Nachwuchsförderprogramme sorgen dafür, dass der gewohnt hohe Qualitätsstandard in der Ausbildung, aber vor allem auch in der Fortbildung von Führungskräften gehalten und weiter ausgebaut werden kann. So sorgen die EDEKA Juniorengruppe e.V. und das EDEKA Bildungswesen gemeinsam mit den Schulungsabteilungen der Großhandelsbetriebe dafür, dass die Kunden Tag für Tag bei ihrem Einkauf das Motto »Wir lieben Lebensmittel.« erleben können. Ein weiterer wichtiger Teil der gemeinsamen Arbeit ist die Ausbildung und Förderung engagierter selbstständiger Kaufleute – des Kerns der EDEKA-Gruppe. Dieses Ziel wird unterstützt durch zahlreiche Maßnahmen, die über das klassische Existenzgründerprogramm »Führungskraft Handel« (FKH) und die Förderung erfolgreicher Kaufleute im »Unternehmer Kompetenz Programm« hinausgehen.

Beteiligung an der AVA aufgestockt

Als Alfons Frenk 2003 seine Antrittsrede auf der Hauptversammlung in München hält, widmet er der Bielefelder Tochtergesellschaft AVA einen ausführlichen Punkt. War EDEKA ehemals als »Weißer Ritter« in Bielefeld angetreten, um die Zerschlagung des Unternehmens durch Finanzspekulanten zu verhindern, sind die EDEKAner bis auf ein gemeinsames Warengeschäft mit der AVA bis zu diesem Zeitpunkt noch nicht so recht weitergekommen. Weitere Synergiepotenziale bleiben ungenutzt. Obwohl EDEKA den Aufsichtsratsvorsitz innehat, sind die Gestaltungsmöglichkeiten in Bielefeld gering. Perso-

Kurz & Gut

Die EDECARD wird 2001 eingeführt. Bereits vier Jahre später verwenden 570.000 Kunden diese Karte

Immer gut beraten: die EDEKA-Ernährungshotline

Praktisch und schick: die neuen Einkaufstaschen, von einer Designstudentin für EDEKA entworfen

Verantwortungsvoll handeln

Gesunde Lebensmittel. Für EDEKA schon immer oberstes Gebot. Schließlich nimmt die Gruppe die Wünsche der Verbraucher ernst. Von der Produktion bis zum Verkauf forciert sie ein umfassendes Qualitätsmanagement. Durch strenge Vorschriften für die Lieferanten garantiert sie frische, gesunde, natürliche Ware. Zusätzlich bietet EDEKA den Kunden einen umfassenden Ernährungsservice.

EDEKA hat ein ausgefeiltes System an Maßnahmen entwickelt, das die hohe Qualität der angebotenen Lebensmittel gewährleistet. Dazu gehören strenge Richtlinien, die für alle Beteiligten der Warenkette bindend sind – die externen Lieferanten genauso wie die Mitarbeiter in den eigenen Produktionsbetrieben, Großhandlungen und Märkten. Sie alle müssen neben den gesetzlichen auch EDEKA-spezifische Vorgaben einhalten: bei Erzeugung, Verarbeitung, Transport, Lagerung und Verkauf der Produkte. Alle Schritte werden schriftlich dokumentiert.

In unabhängigen Laboren lässt EDEKA regelmäßig die Qualität der Waren testen. Eine Vielzahl von Analysen sorgt dafür, dass qualitativ hochwertige Ware in die Märkte gelangt. Im Hause selber finden Verkostungen statt, die den Geschmack, die Farbe und Konsistenz der Lebensmittel überprüfen. Und auch bei den Lieferanten verschafft sich EDEKA einen eigenen Eindruck. Bei so genannten Lieferanten-Audits fahren Experten in die Betriebe und vergewissern sich vor Ort, dass alle vorgeschriebenen Kriterien erfüllt werden. Die Anzahl dieser Maßnahmen wird stetig erhöht. Alleine von 2005 auf 2006 nahmen beispielsweise die Verkostungen um 32, die Produktuntersuchungen um 28 Prozent zu.

Im Fokus des Qualitätsmanagements stehen darüber hinaus die EDEKA-Eigenmarken. Eine Sortimentsgruppe, die ständig wächst und 2006 allein bei Lebensmitteln bereits 1.800 Artikel umfasste. Für sie werden die Qualitätskriterien genau festgelegt, kontinuierlich überprüft und weiterentwickelt.

Qualitätsbestimmungen werden heute nicht nur durch nationales, sondern auch europäisches Recht vorgegeben. Zum Beispiel in Form des neuen »EU-Hygienepakets«, einer Zusammenstellung von Vorschriften zum Umgang mit Lebensmitteln. Doch EDEKA setzt für ihre Kunden – besonders bei den Eigenmarken – oft höhere Maßstäbe als gesetzlich gefordert. Um den EDEKA-Mitarbeitern vor Ort die tägliche Einhaltung dieser komplexen Vorgaben zu erleichtern, gibt es seit 2006 praxisorientierte Qualitätssicherungs-Handbücher.

EDEKA ist das Wohlbefinden der Kunden wichtig. Neben der Produktqualität spielt dabei gesunde Ernährung eine große Rolle. Die Gruppe bietet auf der eigenen Website umfassende Informationen zu diesem Thema. Seit 2005 beantwortet der EDEKA-Ernährungsservice in Zusammenarbeit mit dem renommierten SGS Institut Fresenius alle Anfragen rund um das Thema Ernährung: von den Inhaltsstoffen einzelner Produkte bis zur richtigen Gewichtung der verschiedenen Lebensmittel für einen ausgewogenen Speiseplan. Grundlage hierfür ist eine von Fachleuten entwickelte Ernährungspyramide. Das Konzept setzt ausschließlich auf ernährungswissenschaftliche Erkenntnisse, nicht auf kurzatmige Trends. Im Mittelpunkt steht die sinnvolle Kombination von Gesundheit und Genuss. Damit die wertvollen Informationen nicht verloren gehen, werden alle Fragen und Antworten in einer Datenbank gesammelt. Im Laufe der Zeit entsteht so Deutschlands größte Informationsplattform rund um die Ernährung.

Für alle zusätzlichen Anfragen finden die Verbraucherinnen und Verbraucher bei der Kundenhotline ein offenes Ohr. Das Service-Team recherchiert die Fragen der Kunden und sorgt dafür, dass sie so rasch wie möglich beantwortet werden.

Geprüfte Qualität: strenge Kontrollen gerade bei Obst

EDEKA-Philosophie und Versprechen an den Kunden

Genuss BEWUSST

Der EDEKA Ernährungsservice

Ausgewogen: das speziell entwickelte Ernährungskonzept mit der EDEKA-Ernährungspyramide

Neue Öffnungszeiten: Bald kann der Kunde auch bei EDEKA länger einkaufen

Mit Liebe: das neue EDEKA-Kundenmagazin von 2007

Die AVA firmiert zur Marktkauf Holding um

nalentscheidungen können aufgrund einer Satzungskonstruktion nicht durchgesetzt werden. Insofern kristallisiert sich in den folgenden Monaten rasch heraus: Die EDEKA ZENTRALE muss schnellstmöglich den operativen Zugriff sicherstellen. Zumal sich die Baumarkt-Sparte der AVA zum chronischen Sorgenkind entwickelt, weil sich die Zukäufe der letzten Jahre als glatte Fehlentscheidung entpuppen. Zug um Zug stocken die EDEKAner ihre Beteiligung auf, um 2006 den Squeeze-out durchzuführen. Die AVA wird in Marktkauf umbenannt, die Konzentration auf das Kerngeschäft forciert. Die Optiksparte Krane wird 2006 ebenso verkauft wie das Russland-Geschäft in Moskau. Über die Veräußerung der Baumarkt-Sparte verhandelt man mit Wettbewerbern.

Das Ladenschlussgesetz kippt

Im September 2005 kommt es in Deutschland zu einem politischen Wachwechsel. Mit Angela Merkel tritt erstmals eine Frau und gleichzeitig jemand aus den neuen Bundesländern als Bundeskanzlerin an und löst den sozialdemokratischen Kanzler Gerhard Schröder ab. Die neue, aus einer Großen Koalition von CDU/CSU und SPD gebildete Bundesregierung startet mit vielen Vorschusslorbeeren, doch nach wenigen Monaten ist die Ernüchterung vor allem in der Wirtschaft groß. Unabhängig davon wird eine deutliche Konjunkturbelebung spürbar. Die Arbeitslosigkeit sinkt, die Zuversicht in den Management-Etagen wächst.

Nach jahrzehntelangem politischem Ringen wird endlich das Ladenschlussgesetz gekippt – ein Sinnbild, das immer wieder für die Reformunfähigkeit des Landes stand. »Die Welt zu Gast bei Freunden«: Mit der Verwirklichung dieses Slogans sammelt Deutschland anlässlich der Fußball-Weltmeisterschaft 2006 viele Sympathiepunkte. Endlich, so die Resonanz aus dem Ausland, zeigen die Deutschen, dass auch sie weltoffen, optimistisch, fröhlich und ausgelassen feiern können.

Erfolgreich wie nie

Am Abend vor ihrem 100. Geburtstag könnte die Performance der EDEKA-Gruppe nicht besser sein. Durch die Konzentration auf drei Geschäftsfelder – den unternehmergeführten Supermarkt, das SB-Warenhaus und das Discount-Geschäft – steht die Gruppe wie eine Eins im Wettbewerb. Mit einem Gesamtumsatz von 37,2 Milliarden Euro und rund 26 Prozent Marktanteil hat sie sich eine uneinholbare Marktposition erarbeitet.

Zwischen 2002 und 2006 konnte der Anteil des Umsatzes, der von selbstständigen EDEKA-Unternehmern erzielt wird, um 50 Prozent ausgebaut werden. Gleichzeitig hat sich die Umsatzrendite der Einzelhändler deutlich verbessert. Die wirtschaftliche Stärke der EDEKA-Unternehmer ist Voraussetzung dafür, dass die Gruppe weiterhin dynamisch auf dem Markt wachsen, investieren und neue Märkte eröffnen kann.

100 Jahre EDEKA im Überblick

1907 Unter der Federführung von Dr. Karl Biller und Fritz Borrmann gründen 13 Einkaufsvereine in Leipzig den »Verband deutscher kaufmännischer Genossenschaften«. Kurz darauf wird die »Zentraleinkaufsgenossenschaft« (Z.E.G.) des Verbandes, die heutige EDEKA ZENTRALE, ins Leben gerufen.

1908 Der Verband erhält das Revisionsrecht.
Die »Deutsche Handels-Rundschau« erscheint als Verbandsorgan.

1910 EDEKA richtet eine eigene Reklameabteilung ein und die erste Reklame-Beilage wird der »Deutschen Handels-Rundschau« beigefügt.

1911 Dr. Biller nimmt erste Kontakte zu Markenartikelherstellern auf.
Von der »Einkaufszentrale der Kolonialwarenhändler« in Berlin werden die Rechte am Kürzel »E. d. K.« erworben, aus dem sich EDEKA entwickelt. »Markenartikelkampf« mit etlichen Fabrikanten.

1912 EDEKA siegt in dieser Auseinandersetzung.

1914 Eine außerordentliche Genossenschaftsversammlung beschließt die Gründung der »Genossenschaftsbank EDEKA«.

1918 Die Einkaufsgenossenschaften werden als Großhandelsbetriebe anerkannt.
Bei Kriegsende sind im Verband 198 Genossenschaften organisiert.

1919 Die Zentrale der EDEKA richtet in Hamburg eine Importstelle ein.

1920 Lieferungen der Z.E.G. erfolgen ausschließlich an Mitglieder. Das Quittungs-Einzugs-Verfahren zwischen der Z.E.G. und den Genossenschaften wird eingeführt.

1921 Die Genossenschaftsbank firmiert künftig als »EDEKABANK eGmbH«, die Z.E.G. wird zur »EDEKA Zentrale eGmbH«. Eine Satzungsänderung sieht vor, dass die Aufnahme von Einkaufsgenossenschaften in den EDEKA Verband die zwangsweise Mitgliedschaft in Zentrale und Bank nach sich zieht.
Dr. Karl Biller stirbt.

1923 Einrichtung einer Hausdruckerei.
Mit 578 Einkaufsorganisationen wird der bis dato höchste Mitgliederbestand erreicht.

1924 Umzug ins neue EDEKA-Haus in Berlin-Wilmersdorf.

1925 Die Eigenproduktion beginnt mit dem Erwerb der »Ostdeutschen Eiernudel- und Makkaroni-Fabrik« in Breslau.
Bereits 25 Eigenmarken-Artikel, darunter Kakao, Malzkaffee, Kerzen und Kernseife sind im Angebot.
»Die kluge Hausfrau« erscheint und ein Abreißkalender.

1926 Die EDEKA ZENTRALE geht zur ausschließlichen Barzahlung über.
Die »REICHS-EDEKA-WOCHE« wird zum ersten Male veranstaltet.

1928 Der Film »Unser Feld ist die Welt« klärt über Warenbeschaffung und Kolonialwarenhandel auf.
EDEKA und die „Vereinigte Lebensversicherungsanstalten A. G. für Handwerk und Gewerbe« – kurz „Velahg«, heute Signal Iduna – verbinden sich partnerschaftlich.

1930 Auf Initiative von Dr. Paul König und Fritz Godau wird die »Spar- und Arbeitsgemeinschaft der Jungkaufleute des deutschen Kolonialwaren- und Feinkost-Einzelhandels« , kurz Spara, gegründet.

1932 »Die kluge Hausfrau« bringt es auf eine monatliche Auflagenhöhe von mehr als 500.000 Exemplaren.
Jubiläumswoche in Berlin unter dem Motto »Edeka – 25 Jahre Dienst am Volke«.

1933 Das EDEKA-Theaterstück »Alle für einen« geht erfolgreich auf Deutschland-Tournee.

1934 EDEKA richtet eine Importstelle im italienischen Triest ein.

1936 EDEKA wird in das staatliche Marktordnungssystem einbezogen.

1937 Fritz Borrmann legt sein Amt als Verbandsdirektor nieder. Sein Nachfolger wird Dr. Paul König.

1938 Nach dem »Anschluss« Österreichs ans Reich werden auch dort EDEKA-Genossenschaften aktiv.
EDEKA ruft den Ausstattungsdienst ins Leben.

1939 Im »Großdeutschen Reich« gibt es 525 EDEKA-Genossenschaften mit zusammen mehr als 45.000 Mitgliedern, 15 Zweigstellen der EDEKA ZENTRALE und 15 Filialen der EDEKABANK.
»Die kluge Hausfrau« darf nicht mehr erscheinen.

1942 Fritz Borrmann stirbt.
Die »Handels-Rundschau« wird eingestellt.

1943 Das Berliner EDEKA-Haus wird nach Bombentreffern völlig zerstört.

1946 Bereits im ersten Nachkriegsjahr wird der EDEKA Werbedienst wiederbelebt.

1947 Die Importstelle Hamburg wird nach dem Krieg als »EDEKA Import eGmbH« neu gegründet.
Aufnahme erster freundschaftlicher Beziehungen zu ausländischen Genossenschaften in Dänemark (HOKI), Schweden, Finnland und der Schweiz.

1948 In den drei West-Zonen sind 220 Genossenschaften registriert. In der sowjetisch besetzten Zone gibt es noch 112 aktive Genossenschaften.
Die »Handels-Rundschau« erscheint als »EDEKA Rundschau« wieder.

1949 Auch »Die kluge Hausfrau« kommt wieder auf den Markt.

1950 Die EDEKA Verlagsgesellschaft wird neu gegründet.
Die EDEKA Pensionskasse wird eingerichtet.
Es gibt wieder Genossenschaftskurse.
Startschuss für die von EDEKA veranstalteten »Hausfrauennachmittage«.

1951 EDEKA bringt mit großem Erfolg das »Kochbuch der klugen Hausfrau« heraus.
In Hamburg wird der Grundstein für das neue EDEKA-Haus gelegt.
Mit der Margarine »EDEKA Nuss« ist die Gruppe wieder mit einer Eigenmarke vertreten.
Für die Eigenmarken-Kontrollen wird das EDEKA-Hauslabor eingerichtet.

1953 EDEKA betritt Reklame-Neuland und produziert mit der Schauspielerin Carola Höhn Werbefilme fürs Kino.
In Saarbrücken startet ein Modellversuch mit einem großen EDEKA-SB-Geschäft, das u.a. mit diversen Kühlanlagen und mehreren hochmodernen Registrierkassen ausgestattet ist.

1955 Die EDEKABANK kann auch in West-Berlin wieder ihre Tätigkeit aufnehmen.
In Bochum wird ein Fruchtkontor eingeweiht, anschließend in Hamburg, Frankfurt und München.
In Offenburg wird die erste eigene Bananenreiferei in Betrieb genommen.
Der Logistikbereich wird stark modernisiert.

1956 Eine neue Richtlinie regelt die einheitliche Form und Verwendung von EDEKA-Schriftzug und -Schleife

1958 EDEKA steigt ins Werbefernsehen ein und verpflichtet u.a. Peter Frankenfeld und Jupp Hussels für 18 TV-Spots für die EDEKA-Eigenmarken.

1959 EDEKA beginnt, zur Kundenbindung verstärkt auf Non-Food-Artikel zu setzen. Das Tiefkühlgeschäft wächst immer mehr.

1963 Die Kampfsortimente »Delta« und »Elbingo« sollen gegen die Discounter antreten.
EDEKA führt die allgemeine Datenverarbeitung mittels Lochkarten ein.
Einzelne EDEKAner testen bereits eine Frischfleischabteilung im Markt.
EDEKA erreicht mit 42.382 Einzelhändlern ihren höchsten Mitgliederstand.

1965 Die EDEKA-Schleife wird durch das erste Block-E ersetzt.
In Zusammenarbeit mit IBM beginnt der Aufbau regionaler EDV-Rechenzentren.
Der EDEKA Ausstattungs- und Baudienst wird gegründet und führt die Arbeit des EDEKA Werbedienstes fort.

1966 Dr. Paul König gibt seine Vorstandsämter auf und tritt in den Ruhestand. Sein Nachfolger wird Dr. Erich H. Diederichs.

1968 Dr. Paul König stirbt.
Gründung der »Tawa-Handelszentrale GmbH« für Tabakwaren.
Die »MK-Werbe GmbH« wird unter Beteiligung der finnischen Partnerorganisation Kesko gegründet.

1969 Unter der Bezeichnung »Delta-Markt« wird ein integrierter Verbrauchermarkt eröffnet.
Als erstes Unternehmen in der Branche bringt EDEKA ein eigenes Tiefkühl-Sortiment unter dem Namen »EUCO« auf den Markt.
Der Umsatz liegt erstmals jenseits der 10-Milliarden-DM-Grenze.
Die EDEKA ZENTRALE strafft ihre Aktivitäten und bündelt sie in fünf Verkaufsbüros.

1970 Die Spara streift ihren antiquierten Namen ab und nennt sich nun »EDEKA Juniorengruppe e.V.«.

1971 Gründung der EDEKA Handelsgesellschaften.
Das Fruchtkontor kreiert mit »Best Seller« eine neue Marke, die garantierte Spitzenqualität bietet.

1972 Die erste Gruppenstrukturreform wird eingeleitet. Die Umwandlung der EDEKA ZENTRALE GmbH in eine AG wird beschlossen.
In Hamburgs City Nord wird der Grundstein für einen neuen EDEKA-Verwaltungsbau gelegt.

1974 Das neue EDEKA-Gebäude in der City Nord ist fertig gestellt und wird ab August bezogen.

1975 EDEKA ruft eine neue Werbekampagne ins Leben: »EDEKA – Ihr großer Freund«.

1976 In Hamburg eröffnet das erste »elkos« Drogeriegeschäft.

1979 EDEKA ist federführend bei der Schaffung eines neuen Ausbildungsganges mit dem Abschluss zum Handelsfachwirt.

1981 Der erste EDEKA-Markt, der eine Scanner-Kasse installiert, liegt in Zwingenberg, Baden-Württemberg.

1983 Beginn der Zusammenarbeit von EDEKA und AVA (Allgemeine Handelsgesellschaft der Verbraucher AG).
Reaktion auf den Druck der Discounter mit dem Niedrigpreis-Sortiment »Die Alternativen«.

1986 Mit Horst Neuhaus tritt ein neuer Vorstandsvorsitzender in Hamburg an.

1987 Die neue Vertriebsschienenstruktur mit EDEKA aktiv markt, neukauf und super 2000 wird eingeführt.

1989 EDEKA beteiligt sich u.a. an der Bielefelder AVA, der Stuttgarter Nanz-Gruppe und der dänischen HOKI A/S.

1991 Nach Aufstockungen hält EDEKA über 30% Anteile an der AVA, 20% an der Nanz-Gruppe und 50% an HOKI A/S.
Die GV beschließt die Umfirmierung der HOKI A/S in EDEKA Danmark A/S.
EDEKA investiert mehr als 130 Millionen DM in den Aufbau in Ostdeutschland.
Es gibt über 500 »elkos« Drogeriemärkte.

1992 EDEKA Südwest erwirbt die Gottlieb Handelsgesellschaft, Freiburg.

1993 EDEKA steigt bei der Gedelfi GmbH & Co. KG in Köln als Kommanditist mit erst 24,9, dann 50% ein.
Eigenmarken werden als »Exklusivmarken« herausgestellt.
Innerhalb weniger Jahre ist die Gruppe zum Marktführer in den neuen Bundesländern aufgestiegen.

1995 EDEKA Minden-Hannover erwirbt eine Mehrheitsbeteiligung an der Berliner Otto Reichelt AG.
EDEKA tritt der europäischen Handelskooperation AMS bei.

1996 Mit »Gärtners Beste« wird eine Premiummarke für Gemüse eingeführt.

1997 Horst Neuhaus, Hauptinitiator der ersten EDEKA-Gruppenstrukturreform, geht in den Ruhestand.
Im Rahmen der AMS entwickelt EDEKA eine neue Produktrange unter dem Namen »EURO SHOPPER«.

1999 Unter der neuen Marke »BIO WERTKOST« vermarktet EDEKA erstmals Produkte aus kontrolliert ökologischem Anbau.

2001 Hermann J. Ruetz, neuer Vorstandsvorsitzender, leitet die zweite Gruppenstrukturreform ein.
EDEKA etabliert das »GUT&GÜNSTIG«-Programm mit der roten Ecke als markantem Signet.
Die EDEKA ZENTRALE AG wird in eine AG & Co. KG umgewandelt.
EDEKA führt die »EDECARD«-Kundenkarte ein.

2002 EDEKA und die Globus SB-Warenhaus GmbH & Co. KG vereinbaren eine Kooperation.

2003 Alfons Frenk löst Hermann J. Ruetz an der EDEKA-Spitze ab.
EDEKA erwirbt eine stille Beteiligung in Höhe von 10% an der Globus-Gruppe.
Das Eigenmarkenprogramm umfasst 1600 Artikel, davon über 600 unter »GUT&GÜNSTIG«.

2004 EDEKA und die Handelshof-Gruppe vereinbaren eine Zusammenarbeit im Cash & Carry-Bereich.
Die Beteiligung an der AVA wird auf über 75% erhöht.
Einstieg ins Sportsponsoring bei der Deutschland-Tour.
Der ehemalige EDEKA-Chef Horst Neuhaus stirbt mit 69 Jahren.

2005 EDEKA übernimmt den Wettbewerber Spar, steigt mit Netto Marken-Discount ins Discountgeschäft ein und schließt sich der europäischen Vermarktungs-Allianz Alidis/Agenor an.
Die Gruppe ist unangefochtene Nummer eins im deutschen Lebensmitteleinzelhandel.
Unter dem Motto »Wir lieben Lebensmittel« startet eine neue Imagekampagne.

2006 Die Kampagne wird mit mehreren Medienpreisen ausgezeichnet.
Die AVA wird vollständig übernommen und in Marktkauf umbenannt.
Die EDEKA-Gruppe steht im Jubiläumsjahr mit einem Gesamtumsatz von netto gut 37 Milliarden Euro und mehr als 26% Marktanteil besser da als je zuvor in ihrer Geschichte.

Daten und Fakten zu EDEKA

Stand 2006:

EDEKA-Gruppe

Gesamtumsatz (netto)	**37,17 Mrd. Euro**
– davon Einzelhandel	**30,20 Mrd. Euro**
Marktanteil im deutschen Lebensmitteleinzelhandel	**26 %**
Marktposition	**Nr. 1**
Regionalgesellschaften	**7**
Märkte	**10.018**
Produktionsbetriebe (Fleisch- und Backwaren)	**32**
Mitarbeiter	**253.619**
Selbstständige EDEKA-Kaufleute	**4.786**
Auszubildende	**12.514**

EDEKA ZENTRALE Konzern

Bilanzsumme	**4.879,5 Mio. Euro**
Umsatz	**16.525,0 Mio. Euro**
EBITDA (Ergebnis vor Zinsen, Steuern und Abschreibungen)	**319,8 Mio. Euro**
EBIT (Ergebnis vor Zinsen und Steuern)	**240,9 Mio. Euro**
Bilanzgewinn	**77,5 Mio. Euro**

EDEKA Aktiengesellschaft

Bilanzsumme	**296,6 Mio. Euro**
Umsatz	**1.880,5 Mio. Euro**
Bilanzgewinn	**0,96 Mio. Euro**

Anschriften der EDEKA-Gruppe

1 EDEKA ZENTRALE AG & Co. KG
New-York-Ring 6
22297 Hamburg

2 EDEKA Handelsgesellschaft Nord mbH
Gadelander Straße 120
24539 Neumünster

3 EDEKA Minden-Hannover Holding GmbH
Wittelsbacherallee 61
32427 Minden

4 EDEKA Handelsgesellschaft Rhein-Ruhr mbH
Chemnitzer Straße 24
47441 Moers

5 EDEKA Handelsgesellschaft Hessenring mbH
Industriegebiet Pfieffewiesen
34212 Melsungen

6 EDEKA Handelsgesellschaft Nordbayern-Sachsen-Thüringen mbH
Edekastraße 3
97228 Rottendorf

7 EDEKA Handelsgesellschaft Südbayern mbH
Ingoldstädter Straße 120
85080 Gaimersheim

8 EDEKA Handelsgesellschaft Südwest mbH
Edekastraße 1
77656 Offenburg

9 SPAR Handelsgesellschaft mbH
Osterbrooksweg 35-45
22867 Schenefeld

10 Marktkauf Holding GmbH
Fuggerstraße 11
33689 Bielefeld

11 Netto Marken-Discount GmbH & Co. oHG
Industriepark Ponholz 1
93142 Maxhütte-Haidhof

12 EDEKA Danmark A/S
Marsalle 32
DK-8700 Horsens

Die EDEKA-Gruppe

Position im Markt

Die EDEKA-Gruppe ist mit einem Umsatz von mehr als 37 Mrd. Euro und einem Vertriebsnetz von rund 10.000 Märkten die **unangefochtene Nummer 1 im deutschen Lebensmitteleinzelhandel**. Für den Erfolg der EDEKA-Gruppe zeichnen mehr als 253.000 Mitarbeiter verantwortlich. Kerngeschäftsfeld ist das von selbstständigen Unternehmern geführte Supermarktgeschäft. Aber auch in den zukunftsfähigen Formaten SB-Warenhaus (Marktkauf) und Discount (Netto Marken-Discount) ist EDEKA schlagkräftig aufgestellt.

Internationale Allianzen

Der Beitritt zur internationalen Einkaufsallianz Alidis/Agenor mit Sitz in Genf, an der Seite der französischen ITM Entreprises-Gruppe (Intermarché) und der Eroski Gruppe aus Spanien, hat die Position der EDEKA-Gruppe auf europäischer Ebene deutlich gestärkt.

Struktur der EDEKA-Gruppe

Die EDEKA-Gruppe ist ein genossenschaftlich organisiertes Handelsunternehmen, dessen Struktur auf drei Ebenen basiert: der EDEKA ZENTRALE, den sieben Regionalgesellschaften und dem lokalen Einzelhandel. Die strategische Steuerung erfolgt über die ZENTRALE, deren Anteile vollständig von den zehn EDEKA-Genossenschaften gehalten werden. Sie bündelt und koordiniert die Interessen der einzelnen Regionalgesellschaften und unterstützt diese durch diverse Dienstleistungen (Einkauf, Marketing etc.).

Für das operative Geschäft vor Ort (Belieferung, Produktion von Fleisch- und Backwaren sowie Wein, Werbung, Expansion) sind die sieben Regionalgesellschaften zuständig. Sie gehören zu gleichen Teilen der EDEKA ZENTRALE und den Genossenschaften.

Profil der EDEKA-Gruppe

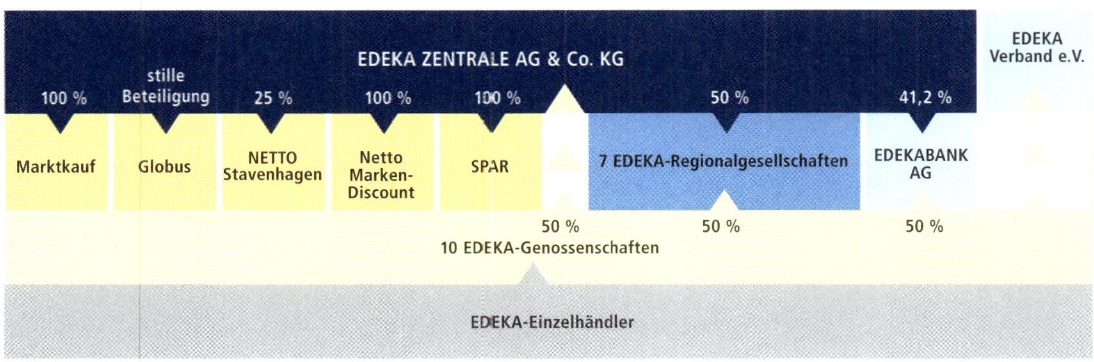

Servicegesellschaften

EDEKABANK AG

Die EDEKABANK bietet der EDEKA-Gruppe das gesamte Spektrum einer modernen Universalbank. Im Fokus steht vor allem die persönliche Betreuung der selbstständigen EDEKA-Kaufleute und der Existenzgründer.

EDEKA Verlag

Der EDEKA Verlag ist Herausgeber der »EDEKA handelsrundschau«, dem zentralen Informationsmedium der EDEKA-Gruppe, und des EDEKA-Kundenmagazins »Mit Liebe«.

EDEKA Verband e.V.

Der EDEKA Verband kaufmännischer Genossenschaften ist gesetzlicher Prüfungsverband im Sinne des Genossenschaftsgesetzes.

Bildnachweise

Archiv EDEKA Verlag GmbH
Archiv EDEKA ZENTRALE AG & Co. KG
akg-images, Archiv für Kunst und Geschichte
bpk, Bildarchiv Preußischer Kulturbesitz
corbis gmbh
getty images
Imagebroker.net
Jupiterimages GmbH
Panther Media GmbH
plainpicture GmbH & Co. KG
StockFood GmbH
Strandperle Medien Services e.K.

BIONADE GmbH
Brauerei Beck GmbH & Co KG
Ferrero Deutschland GmbH
HARIBO GmbH & Co. KG
Henkel KGaA
Kraft Foods Deutschland GmbH
Red Bull Deutschland GmbH
Unilever Deutschland Holding GmbH

Jürgen Köhlert
Karl-Heinz Preuß
Horst Schulze

Alle Angaben zu Bildrechten wurden mit größter Sorgfalt recherchiert und überprüft. Trotz intensiver Bemühungen war es nicht in allen Fällen möglich, die Rechteinhaber der Fotos ausfindig zu machen. Berechtigte Ansprüche werden selbstverständlich im Rahmen der üblichen Vereinbarungen abgegolten.

Hauptquellen

Jahresberichte der EDEKA, Jahrgänge 1907-2005
EDEKA handelsrundschau, Jahrgänge 1907-2006
25 Jahre EDEKA, Festausgabe der EDEKA Deutsche Handels-Rundschau 1932
EDEKA 1907-1957, Festschrift
EDEKA 75 Jahre immer in Aktion, Festschrift 1907-1982
Kretschmer, Sebastian: Der institutionelle Wandel der EDEKA-Gruppe
EDEKA – älteste Einkaufsgenossenschaft des Lebensmitteleinzelhandels, in: Enzyklopädie des Handels
Das ABC des EDEKA Hauses, 1974
Spiekermann, Uwe: Die Edeka, Entstehung und Wandel eines Handelsriesen, in: Kassenlage – Die Handelsorte
Chronik des 20. Jahrhunderts
LZ-net Archiv, Artikel von 2000-2006
50 Jahre Springer – 50 Jahre Zeitzeuge
Die 50er Jahre, Spiegel-Special
Grenchner Allerlei in den 50er Jahren, Museums-Gesellschaft Grenchen
Zunft der Ladendiebe wächst, in: Das Fachblatt für Selbstbedienung, Nr. 5, Mai 1970
Müller-Urban, Katrin: Toast Hawaii und Entenbrust: die Trendrezepte aus fünf Jahrzehnten

www.dhm.de/lemo
www.markenmuseum.com

Impressum

Herausgeber: EDEKA ZENTRALE AG & Co. KG
New-York-Ring 6, 22297 Hamburg

Verantwortlich: Marliese Kalthoff,
Leiterin Unternehmenskommunikation
EDEKA ZENTRALE AG & Co. KG

Projektteam: Nicole Wefers
Martina Meyer

Historiker: Dr. Harald Schloz

Text: Daniela Pemöller

Fachlektorat: ifw Institut für Firmen- und Wirtschaftsgeschichte, Hamburg

Fotografie: Engel & Gielen Photography, Hamburg

Konzept, Gestaltung & Litho:
GDS Grafik Design Studio GmbH,
Gestaltungs-Agentur, Hamburg

Druck: Mohn media Mohndruck GmbH, Gütersloh

Verlag: EDEKA Verlag GmbH
New-York-Ring 6, 22297 Hamburg

ISBN 978-3-00-021510-0